おとなの美人習慣

アンチエイジングデザイナー
村木宏衣

KKベストセラーズ

はじめに

この本を手に取っていただき、ありがとうございます。

私が、美しさへの憧れをいだいて美容業界に入ったのは20代のとき。以来、大手エステサロン、美容クリニックなどを経て、肌や体のメンテナンスに関するさまざまな経験を積んできました。現在では、顔・体に表れる老化のお悩みを根本原因からケアするサロン「Amazing《アメージング》♡beauty《ビューティー》」の代表として、私が開発した「村木式整筋《せいきん》」というメソッドによる施術を行っています。


今日に至る約30年のキャリアの間に、私が向き合ってきたお客様の数は、約4万人。一般の方から、女優やモデルといったプロフェッショナルまでさまざまなお客様がいらっしゃいますが、どなたであろうと、何歳であろうと、老化に対するつらい気持ちは共通だと感じています。

「鏡を見るたびに落ち込んで、心まで病気になってしまいそうだった」

これは、まぶたが垂れ下がる病気で手術を受けた女性芸能人が語ったことですが、私のサロンにいらっしゃるお客様の訴えとまったく変わりません。

「今の自分が嫌い」「自信が持てない」「毎日が憂うつ」……

ですが、「きれいになりたい」という願いをあきらめない限り、自分を変えることはできると、私は思っているのです。

実は私自身、少女時代はコンプレックスのかたまりでした。ひどいニキビや大きな顔に悩み、毎日をうつむいたまま過ごしていたのを覚えています。それでも、「少しでもきれいになりたい」という切実な願いがあったからこそ、美容の世界へ足を踏み入れることも、自信がなかった自分を変えることもできたのだと、今では確信しています。きれいになろうという気持ちを捨てずにケアを始めれば、何歳であってもそこから上向いていきます。


そうして、自分が変われる喜びを多くの方に知っていただきたいと、私はサロンのお客様や、講演会でお会いする皆さんにお伝えしているのですが、

「気持ちはあっても、具体的に何をしたらいいのかわからない」

と感じている方が多いことに気づきました。

それなら、私自身が普段、顔の調子をよくしたり、体を楽にして心地よく過

ごしたりするために行っていることを、ご紹介すればいいのではないか。どれも簡単なことばかりだから、これまで特別なことをしてこなかったという方にも、きっと気軽に始めていただける――そう考えてまとめたのが、本書です。
　今までの著書や、テレビ・雑誌の取材では、私の村木式整筋をご自宅でも行える方法についてご紹介してきましたが、本書では初めて、これまでお話ししてこなかった「日々の習慣」をテーマにしています。

　ご紹介するのは、1日の活動のなかで「ついでに」できる習慣の数々です。村木式整筋では、老け見えの根本原因として「筋肉・骨格・姿勢」という体の土台を重要視しているのですが、私の実践している習慣は、これらをさりげなく改善できるアクションになっています。つまり、この本にある習慣を、気になるところ、できそうなところからひとつずつでも取り入れていただくと……

◎筋肉の弾力がよみがえる　↓　見た目年齢マイナス10歳

◎骨格のゆがみが取れる　↓　鏡を見るのが嬉しくなる

◎姿勢が変わる　↓　おしゃれが楽しくなる

自然と、こんな風に変わっていくことができるはずです。

おかげさまで私自身、長年おつき合いしている美容業界の方々には「いつお会いしても変わらないですね！」と嬉しいお言葉をいただいていますし、起きて鏡を見たときに「今日も調子がいい」と、1日を明るい気分で始められることが増えました。


今の女性たちは忙しく、自分のための時間をなかなかつくれない方も多いようです。私も息子が成人するまでは、シングルマザーとして仕事・育児・家事・介護に追われる日々を送っていました。だからこそ、時間もお金もかかるスペシャルケアより、日々の生活に組み込める小さな習慣はおすすめです。高価な化粧品やエステ以前に、ほんの少しでも自身をいたわって応援してあげる気持ちさえあれば、十分続けられることばかり。

自分をきれいにできるのは自分でしかありません。ですが、この本を手にとってくださったということは、よりよい自分になろうと強く思っている証です。あなたのきれいは、もう始まっています。

おとなの美人習慣　目次

はじめに……2

まずはここから！ 簡単おすすめ7習慣……14

第1章 おとなはなぜ習慣で美人になれるのか

歳のとり方は、自分で選べる……18

老け見えの3大原因は「ゆがみ・たるみ・むくみ」……19

「習慣」で老け見えを予防、リセットできる……22

自分の体の声を聴けるのは、自分だけ……25

第2章 美姿勢は美人への一番の近道

姿勢を正すと、体も心も変わる……32

美しい姿勢の最大の敵は「ゆがみ」……34

ゆがみは見た目だけでなく健康にも悪影響……35
骨盤を意識すれば、姿勢全体が変わる……37
現代人が使えていない、お尻と足の指……38
ゆがみを取り、ケイト・モスから贈られた言葉……40

〜姿勢美人になるための習慣〜

両足重心で立つ……43
頭の位置の正し方……43
理想の立ち姿は「一直線」……44
歩くときは「膣からティッシュを引き上げる」……46
坐骨の上に座る……47
理想の座り姿……48
ゆがむ座り方はNG……49
お尻の筋肉を刺激する……50
足の指に刺激を送る……51
バッグは軽く、左右に振り分けて……51
両手をまんべんなく使う……52
坐骨をほぐすメソッド……53・54

第3章　顔の若さは自分の手で保てる

顔にも心にも大ダメージを与える「たるみ」……58
顔のたるみを生む、食いしばり・筋力低下・むくみ……59
食いしばりを解消するとモテ顔になる!……61
魅力的な「え」の口で筋力も回復……63
習慣は化粧品より効率的。UVケアは予防第一……66
自分しだいで、たるみも運気も上げられる……68

～美人顔をつくる習慣～
奥歯を浮かせる……70
「え」の口で表情筋を鍛える……71
洗顔時に口の中もほぐす……71
舌先を上あごにつける……72
首のUVケアを徹底する……73
たるみ予防にも「飲む日焼け止め」……73
クレンジングはうるおい重視……74

洗顔は洗いすぎに注意……74
過剰な「はがすケア」はNG……75
鼻の下をほぐすメソッド……76・77

第4章 美しい髪はすこやかな頭皮しだい

髪年齢は「頭皮」で決まる……82
頭皮はたるみ、頭蓋骨はゆがんでいる……82
しなやかな頭皮には血流と栄養も大切……85
頭皮ケアで美髪と美顔がいっぺんに叶う……87
髪が素敵だと美人に見える……89
〜髪美人になるための習慣〜
徹底的に頭をほぐす……90
髪を育てる食事をとる……91
頭皮にもUVケアをする……91
髪は2回洗う……92
髪質を上げるトリートメントのつけ方……92

髪にツヤが出る乾かし方……93
人生を変えたいときは美容室を変える……93
頭皮をほぐすメソッド……95・96

第5章 お風呂は最高のリセット空間

お風呂は、自分に向き合える大切な場所……100
今すぐ細くなりたいなら、むくみを解消する……101
お風呂がむくみを取るのに向いている理由……104
今夜の湯船で、翌朝の美人をつくる……106
～お風呂で美人になるための習慣～
短時間で効果的に入浴する……107
湯船にアロマで深呼吸……108
入浴は寝る1時間半前に……108
体は手で洗い、週1回スクラブ……109
加齢臭対策をする……110
心のモヤモヤも洗い流す……110

美脚のためのメソッド……111・112

第6章 きれいになるための眠り方

睡眠は、若返りの栄養……116
眠る目的は「成長ホルモン」の分泌……117
「入眠」と「寝姿勢」が眠りの質のカギ……120

～睡眠で美人になるための習慣～

入眠準備でリラックス……122
その日の反省会をしない……123
締めつけの少ない服装を選ぶ……124
胃腸を温めながら眠る……125
食いしばりの負荷を減らす……125
全身が楽になる姿勢で寝る……126
冬は首にタオルを巻く……128
寝起きにメラトニンを分泌させる……128
鎖骨まわりをほぐすメソッド……129・130

第7章 体の内側から食事で美人を育てる

食事がこの先の体をつくっていく……134
おとなの女性が意識してとりたい栄養素……136
食べ方ひとつでも若々しさが保てる……139
糖化・酸化・腸内環境の悪化を徹底ブロック！……142

〜体の内側から美人をつくる食事の習慣〜

「7・7・7」ルールで噛む……144
タンパク質とビタミンをとる：朝食の例……145
タンパク質とビタミンをとる：昼食の例……146
タンパク質とビタミンをとる：夕食の例……147
健康効果の高い飲み物・お酒を選ぶ……147
オイルを賢く活用する……148
おやつの前にワンクッション……149
運動後のアルコールはNG……150
インナーケアで加齢臭を防ぐ……151
ビタミンCを飲むタイミング……151

口元・あご・唾液のためのメソッド……152・153

第8章 体を整えれば心も上向きポジティブに

心の元気がおとなの女性の毎日を支える……158
体のゆがみがメンタルに与える影響……159
食習慣とメンタルの深い関係……161
体へのケアでメンタルにもアプローチできる……163
～心もすこやかな美人をつくる習慣～
スマホを目の高さに上げて見る……166
背骨の血流を促して、元気になる……167
つらいときはコンディション調整に専念……167
不安なときは「絶対大丈夫」と唱える……168
リフレッシュできるメソッド……169・170

おわりに……172

まずはここから！ 簡単おすすめ7習慣

どの習慣から始めるか迷ったら、この７つがおすすめ。「こうなりたい！」と思うものをひとつでよいので選び、スタートしてみてください。見た目は美しく、体は心地よく。今日から変わっていく自分を楽しみながら、気楽に続けていきましょう。

❶お尻が小さくなる

↓

P.43

両足重心で立つ

❷ほうれい線がなくなる

↓

P.70

奥歯を浮かせる

❸ツヤツヤの髪になる

↓

P.90

徹底的に頭をほぐす

❹足が細くなる

↓

P.107
短時間で
効果的に入浴する

❺睡眠の質が上がる

↓

P.126
全身が楽になる
姿勢で寝る

❻甘いものを食べ過ぎない

↓

P.149
おやつの前に
ワンクッション

❼ポジティブ思考になる

↓

P.167
背骨の血流を促して
元気になる

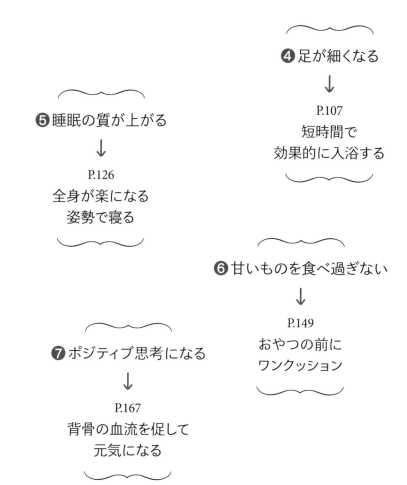

第1章

おとなはなぜ
習慣で美人に
なれるのか

歳のとり方は、自分で選べる

30代も半ばを過ぎると、誰でも年齢による変化を感じ始めるもの。顔やボディのたるみが気になる。白髪が目立ち始める。じわじわと太ってくる……。

そんなサインに気づくたび、「もう歳をとるのは嫌」「この先が憂うつ」という、暗い気持ちになってしまったりもします。

それでも人は、歳をとることを避けられません。時間だけは、誰にとっても平等です。ただ、歳をとることは避けられないとしても、「歳のとり方」は選べると、アンチエイジングデザイナーである私は思っています。

私の考えるアンチエイジングとは、**体を望ましい状態に保ち続ける**こと。

そして、**望ましい状態を保てるように、自発的な心がけを続けていく**ことです。

そのために**まず必要なのは、「何が見た目の老化を引き起こしてしまうのか」を、**

正しく理解すること。原因としくみがわかれば、今の自分に必要なこと、やるべきことがわかります。
それをきちんと続けていけば、若々しく、美しく、年齢を重ねていくことができるのです。

老け見えの3大原因は「ゆがみ・たるみ・むくみ」

顔やボディが劣化・老化して見える、いわゆる「老け見え」の状態。その原因は、「ゆがみ・たるみ・むくみ」です。

ゆがみとは、骨や筋肉が正しい位置に収まっていない状態のこと。たとえば、太ももやふくらはぎが外側に張り出して太く見える・お尻が広がって大きく見えるといったスタイルの崩れは、このゆがみからきています。

たるみは、ハリを失った顔や体が、ゆるんで垂れ下がっている状態。ほうれい線や二重あご、垂れたお尻などは、たるみの代表的な例です。

そして**むくみは、余分な水分や老廃物が、体に滞っている状態**のこと。顔が大きく見えたり、ウエスト周りのサイズが増えたりという、太って見える原因がこのむくみです。

この、**ゆがみ・たるみ・むくみには、相関関係があります**。

・ゆがみによって体の各部が不自然に引っ張られると、たるみやすくなる
・ゆがみによって筋肉に負担がかかると、そこが圧迫されてむくみやすくなる
・むくんでいると、水分の重みでそこがたるみやすくなる。さらに、老廃物が筋肉に絡みつき、硬くなって動かしにくくなり、ゆがみやたるみを進行させる

こんな風に、**相互に影響しながら、全身の老け見えを加速させていく**のです。

相関関係については、具体例とともに後の章でも詳しくお話ししますが、このしくみに気づくきっかけをくださったのは、ある女優のお客様でした。そのお客

様は、撮影のお仕事の前には必ず来てくださるのですが、オーダーはいつも同じなのです。

「顔の左側が下がって見えるの。だから、左だけリフトアップして」

そこで、フェイシャルのマッサージをしてリンパを流し、たるみとむくみを解消するのですが、それだけでは数日ほどしか効果がもちません。

何度も通ってくださるそのお客様を、なんとか根本から改善して差し上げることはできないかと思った私は、体についていろいろ調べ始めました。そして、**顔の左右の状態が違っているのは、筋肉や骨のゆがみのせい**だと知ったのです。

それから私は、さまざまな先生のもとで学び、15年ほどかけて、**筋肉・骨格・リンパという土台にアプローチする「整筋メソッド」**を開発していきました。

このメソッドでは、凝って縮んだ筋肉をほぐし、骨格のゆがみを整え、リンパの流れを促して、体を本来のコンディションへと導きます。すると、顔のたるみや足のむくみといった**各部の老け見えを、根本から改善・予防**することができるのです。

「習慣」で老け見えを予防、リセットできる

いつでも、いつまでもきれいであるためには、ゆがみ・たるみ・むくみをまとめて徹底的にケアすること。この老け見えの3大原因を追い出せば、全身がはつらつとした若々しさにあふれるようになります。

そこで、まず始めていただきたいのが、無意識の生活習慣＝「くせ」を見直すこと。**ゆがみ・たるみ・むくみを引き起こすのは、無意識のくせの蓄積**だからです。

たとえば、片足に重心をかけて立つ、足を組んで座る、片側の歯ばかりでものを噛むなど。誰もが生活のなかで無意識に行っている、こんなちょっとしたくせの繰り返しによって、体はしだいにバランスを失っていきます。私のサロンで体を整え直しても、体の使い方のくせが残っていれば、またじわじわと逆戻りしてしまうのです。

では、どうすればよいのでしょうか？　答えはとてもシンプルです。**「無意識**

でやっている悪いくせ」を、「意識的な良い習慣」で少しずつ書き換えていけばよいのです。

私はアンチエイジングのプロとして、自身のコンディションを保つことも大切にしています。忙しい毎日ですから特別なことはなかなかできませんが、かわりに「老け見えの原因をつくらない方法」を、習慣として毎日の生活に組み込むようにしました。食事、通勤、入浴、睡眠といった1日のルーティンのなかで、自然にできそうなことを少しずつ工夫していったのです。

そうしていろいろな習慣を実践するようになって、今年で50歳を迎えましたがほうれい線や顔のたるみ、足のむくみにも悩まされず、笑顔で仕事を続けられています。そこで本書には、私が実践してみて「本当に効く」と確信している習慣ばかりを、ギュッと詰め込みました。姿勢や顔、髪といった体の外側から効果的なもの、お風呂での過ごし方、睡眠や食事、メンタルといった体の内側から働きかけるものにまとめて、それぞれご紹介していきます。

これらの習慣には、ゆがみ・たるみ・むくみをつくらない**予防**と、1日を過ごすなかで生まれてしまった分を**リセット**するという、2つの意味があります。ゆがみ・たるみ・むくみは、放っておくと相互に影響を及ぼしながら、どんどん老け込みを加速させてしまうもの。だからこそ、ため込む前に予防とリセットを日々行うことが大切なのです。

本書でご紹介する習慣を取り入れていただければ、**蓄積をストップできるだけでなく、改善も早まります**。さらに、普段のちょっとした所作やたたずまい、表情までもが大きく変わり始めます。体が理想的なコンディションを取り戻すことで、その人のなかに眠っていたきれいが、どんどん引き出されてくるのです。

「単に体を元通りにするだけではなく、その人の魅力や美しさを、より豊かに表現できるような状態にまで導きたい」

これは、私が整筋メソッドをつくり上げるときに抱いていた思いです。ここにまとめた習慣の数々も、目指すところはまさに同じ。自分でも驚くような自分に出会えるのを楽しみにしながら、取り入れてみてください。

自分の体の声を聴けるのは、自分だけ

私の習慣をご紹介する理由にはもうひとつ、「自分の体に向き合うことを習慣にしていただきたい」という意味もあります。

今の女性は、とても忙しい方ばかり。仕事や家事などに追われるなか、自分のことをだんだんと後回しにしていって、いつしか「なんだか調子が悪いのが普通」という状態になってしまっている方は、とても多くいらっしゃいます。肩や背中が凝ってカチカチになっていても、ふくらはぎがむくみでパンパンになっていても、「いつもこうだから」「歳のせいだから」と、そのまま。

ですが、自分の体の声を聴いてあげられるのは、最終的には自分しかいません。若いうちは、その声を知らんぷりしても体は黙って働いてくれますが、歳をとるにつれ、だんだんと無理はきかなくなってきます。体の訴えに早めに気づいて、少しずつでもケアしてあげることは、若いとき以上に大切なのです。

私自身、42歳のときに乳がんを経験しているのですが、ごく早期に発見することができたのは、メソッドの開発を通して自分の体に向き合い、ふれ続けてきたおかげでした。もし、自分の体に無関心でいたら、50歳の今、こうして元気に過ごしていることはできなかったかもしれません。

年齢を重ねるにつれ、「素敵である」ということは「元気である」ということと同義になっていきます。20代くらいまでの若いうちは、目が大きいとかまつげが長いといった、顔の造作が整っていることが「素敵」の基準になりやすいもの。ですが、おとな世代になって「この人はなんて素敵なのかしら」と感動する基準は、目鼻立ちよりも、豊かなエネルギーがあふれるすこやかさだと思います。いくつになっても輝く笑顔、しなやかな動作。多少のシワやシミが気にならないくらい、ハリとツヤのある肌。常にアクティブで、意欲的に人生を生きている――そんな、生命力を感じさせるような女性であり続けるためにも、普段から意識して体に向き合ってあげていただきたいのです。

顔も体も、自分でよく見て、**少しだけでも手をかけてあげれば、本当に変わり始めます**。老け見えを「年齢のせい」とあきらめてしまっている方は多いのですが、**実は加齢による自然な衰えばかりでなく、普段のくせが原因として大きい**ことは、すでにお話ししたとおり。ですから、あきらめて放置していたら、坂を転がり落ちるようにどんどん悪くなってしまうのは避けられませんが、向き合ってあげれば、顔も体もちゃんと応えてくれるのです。

実際、ご紹介する習慣を実践していただくと、「調子がいい」「楽」「元気」という感覚が、どういうことかおわかりいただけると思います。すらりとまっすぐ立てる感覚、目がパチッと開く感覚、スーッと深く呼吸できる感覚など。その**「心地よい感覚」がいったんわかれば、習慣を続けることが苦にならなくなります**。むしろ「そうしたい」と、自然に思えるようになるでしょう。さらに、「ほかにもいろいろやってみたい」という意欲も湧いてきます。

ですから、**最初は気になるところをひとつだけ試していただくのでも十分**です。「続ける」ということが何より大切なので、無理せずできる範囲で行いましょう。

年齢を重ねることは、誰しも同じ。だからこそ、これからどれだけ自分に向き合ってあげられるかで、その後に大きな差がつきます。

毎朝鏡を見るたびに、鏡の中の自分に元気をもらえるくらい、きれいの力を引き出していきましょう。

第2章

美姿勢は美人への一番の近道

あなたの姿勢と体が、「美人習慣」で変わる

- バレリーナのようにすっとした立ち姿
- 左右の高さがそろった肩
- プリッと元気なお尻
- ほっそりと引き締まった太もも、ふくらはぎ
- スムーズな呼吸

美人は、姿勢からつくられます。

まっすぐ立って、しなやかに動く。それだけで、全身から主役級のオーラが放出されるもの。

輝くおとな美人を目指すなら、まず姿勢を見直すことから始めましょう。


現代人に多い猫背や巻き肩、片足重心といった姿勢の「くせ」は、いずれも体のゆがみを招く原因。

老け見えを助長するだけでなく、イライラや睡眠不足につながることもあります。


「体を正しく使う」ということを心がけるだけで、今と将来の自分が、確実に変わっていきます。

姿勢を正すと、体も心も変わる

「手っ取り早く美人に見せるには、面積の大きいところをきれいにすると効果的」というお話をご存じですか？　たとえば顔でいうと、自分にしかわからない小さなシミ取りにやっきになるより、肌全体のハリやツヤを向上させたほうがずっと美肌に見えるというもの。

これを全身に置き換えると、まず取り組むべきは姿勢です。首をすっと伸ばし、胸を張れば、それだけでスタイルよく、若々しく見えてきます。**第一印象を「あの人、なんだか美人ね」と思われるように今すぐ変えるなら、姿勢を正すことから始めましょう。**

実は、かくいう私もかつては姿勢がよくありませんでした。「私を見ないで」というように、いつもうつむきがちに背を丸めたまま。肩が胸方向に巻いてきてしまう、いわゆる**「巻き肩」**のような状態になり、首も前に突き出てしまっていました。

それは、自分に自信が持てず、人の目を見て話すことができなかったからです。もともと自己主張が苦手な性格だったことや、中学時代から悩まされていたニキビ、大きな顔といったコンプレックスなどが理由だったのですが、もし上を向いて堂々としていたら、人に与える印象はもう少し違うものになっていたでしょう。それに、いつも下を向いていると、心はますます暗く沈んでいきます。姿勢は、メンタルにも大きな影響を及ぼすのです。


その後、美容業界で職を得た私は、肌や体のしくみについてさまざまな勉強をするうちに、姿勢の大切さについても知りました。よくない姿勢を続けていくと健康上に悪影響が及ぶこともわかってきました。

そして、**姿勢を意識するようになって以来、体はもちろん、人との向き合い方も徐々に変わってきた**ように思います。「美しく正しい姿勢は、体も心も元気にしてくれる」、今はそう確信しているのです。

美しい姿勢の最大の敵は「ゆがみ」

背中が丸くなったり腰が曲がったりしていない、しなやかでまっすぐな状態が美しく正しい姿勢の基本です。そんな姿勢を保つには、体の「ゆがみ」をなくす意識が大切になります。

ゆがみとは、第1章でもふれたとおり、骨や筋肉が正しい位置に収まっていない状態のこと。骨や筋肉の**ゆがみが出てくる原因は、普段の姿勢のくせ**です。

たとえば、横断歩道で信号を待っているとき。気づくと、片足に重心をかけて立っていたり、足をクロスさせていたりしませんか？　バッグを持つときも、「右手で持たないと落ち着かない」とか、「いつもと反対側の肩にかけるとずり落ちてしまう」といったことがあるでしょう。

このように、日常で無意識に行っていることのほか、仕事などで同じ姿勢を取り続けているというのも、ゆがみを生み出すくせに含まれます。パソコンの前に座っている間、ずっと猫背になって巻き肩ぎみになったり、首を前に突き出していたりするのは、現代人にとても多いくせです。

こうした**くせを毎日繰り返し、それが体に蓄積**されていくことによって、だんだんとゆがみは進行していくのです。

ゆがみは見た目だけでなく健康にも悪影響

体のゆがみは、思いがけないさまざまなトラブルを引き起こします。

まず、スタイルの崩れ。片足重心などで足の使い方が偏っていると、骨盤がゆがんできます。骨盤がゆがんで開いてくると、お尻が外側に引っ張られて広がるので、お尻が大きく見える原因に。さらにお尻とともに、股関節の外側で太ももの付け根にある「大転子《だいてんし》」（45ページ参照）という部分も引っ張られ、つられてふくらはぎも外側に張り出し……と、まさに玉突き事故のように、いろいろな部分がゆがんでいってしまうのです。

たとえ体重は増えていなくとも、**お尻や足全体がゆがんで外側に張り出していれば、太って見えてしまう**のは当然といえるでしょう。

また、猫背を自覚している方は多いのですが、**猫背が呼吸にまで悪影響を及ぼしている**ことは、あまり知られていないのではないでしょうか。正しい呼吸には、肋間筋《ろっかんきん》や横隔膜《おうかくまく》といった肋骨まわりの筒状の筋肉が、外側へ大きくスムーズに広がる必要があります。ところが、猫背でいると肋骨まわりが緊張でカチカチにこわばって、これらの筋肉が十分に広がらなくなってしまうのです。

こうなると、深く息を吸い込むことがうまくできず、だんだん呼吸が浅くなっていきます。呼吸がしにくいということは、酸素が全身に巡りにくいということ。すると、

・代謝が落ちる
・交感神経が優位になって常に緊張している
・集中力が下がる

と、ざっと挙げただけでもこれほどの影響が出てきます。

骨盤を意識すれば、姿勢全体が変わる

私のサロンでは、こうした体のゆがみを正しい状態に戻す施術を行っていますが、最初は必ず骨盤から整え始めます。なぜかというと、骨盤は体の中心で上半身と下半身をつなぐ「要《かなめ》」だからです。

テーブルの天板と脚をつないでいる部分がガタついていると、脚はまっすぐ立たず、上にのせているものもグラグラと傾きます。骨盤のゆがみは、まさにこれと同じ状態。骨盤がゆがむと、その上の肩甲骨がずれてきます。さらに肩甲骨は顎《がく》二《に》腹筋《ふくきん》というあごの筋肉に影響を与えるので、あごがゆがんでくる原因に。ですからサロンでは、まず骨盤を整え、左右の肩甲骨の高さをそろえて、あごのゆがみを取っていくのです。

もちろん、**骨盤が整えば、その下につながっている太ももやふくらはぎの状態も改善**していきます。外側に張り出してパンパンに固まっていた足全体の筋肉が、柔らかくふかふかにほぐれ、さらに**立ったときもまっすぐ正しい姿勢を保ちやす**

くなります。

同じように、ご自宅でも骨盤を中心にケアを行うと、ゆがんだ姿勢全体を効率よく改善していくことができます。具体的な方法は後ほどご紹介していきますが、普段の習慣の中で座り方に気をつけたり、1日の終わりにお尻の凝りをほぐしたりするだけで、体を正しく使える状態へと自分で整えることができるのです。

現代人が使えていない、お尻と足の指

体のゆがみを生み出すくせはいろいろありますが、これらは別の言い方をすれば、**体を正しく使えていない**ということ。なかでも、きちんと使えている方が少ないのが、お尻と足の指です。

お尻は、正しく立ったり歩いたりするために必要なところですが、このお尻の筋肉を上手に使えず、歩くときにすり足になったり、膝が曲がったまま歩いてい

る方は、とても多くいらっしゃいます。その**主な理由は、座っている時間が長いため**。移動は車や電車の座席、仕事はデスクワークといった現代人のライフスタイルでは、お尻の筋肉がお休み状態。なかなかお尻を使う機会がなく、どうしても筋肉が衰えがちなのです。そこで、弱まったお尻のかわりにほかの筋肉を使って動きをカバーするようになり、そこから筋肉の使い方の偏り＝ゆがみが始まってしまうわけです。

足の指も、体を支えてまっすぐ立つためにとても大切なところです。しかし、サロンに来られるお客様の足を見ていても感じますが、今はほとんどの女性が地面にしっかり足の指が着いていない、いわゆる**「浮き指」**になってしまっています。立っているとき、足の指が地面に着いているようでいて、実は着いていないのです。自分の体を支える足の裏の着地面が不安定で定まらないと、かかとか爪先のどちらか一方に重心が偏りがち。すると、猫背になったり、首が前のめりになったりと、姿勢が悪くなる原因になってしまいます。

ゆがみを取り、ケイト・モスから贈られた言葉

私はこれまで、さまざまな方の顔と体のゆがみを取ってきましたが、近年では海外の方々にも施術を行う機会に恵まれました。化粧品ブランド「コスメデコルテ」の、海外進出にともなうお披露目イベントに参加させていただいたときのことです。最初はアメリカ、翌年はイギリスで、高級百貨店のＶＩＰのお客様向けにスペシャルトリートメントを行うというものでした。

初めてお会いする海外のお客様に、自分のメソッドや考え方を受け入れていただけるものか、私は心配でした。そこで、日本式の骨格矯正になじみがなくとも、無理なく受けていただけるような施術内容を考えたほか、２度目の参加となったイギリスでは、日本らしい精神や美意識を伝えようと弓道衣と袴を着て施術に臨んだところ、お客様にとても喜んでいただけました。

そのイギリス滞在中には、思いがけない出来事がありました。ブランドアンバ

サダーであるケイト・モスに、私のトリートメントを行うことになったのです。スーパーモデルのケイトのために、5つ星ホテルのスイートルームに施術用のベッドが運ばれ、私もそこへ袴姿で赴きました。そして、コスメデコルテのリフトアップクリームを使ったマッサージと、筋肉のゆがみを取る施術を行うと、**ケイトは工程ひとつごとに「Ａｍａｚｉｎｇ！」**と、驚きと感動の言葉を繰り返します。特に、顔がリフトアップすると喜んでいただけるのは、ケイトもＶＩＰの皆さんも同じでした。すべてを終えると、「なんてすばらしいテクニックなの。本当にありがとう！」と、笑顔で伝えてくださったのです。

　この経験を通して、**「きれいになる感動は万国共通」**と確信したことが、私の独立後初めてのサロン「Ａｍａｚｉｎｇ♡ｂｅａｕｔｙ」という名前の由来です。同時に、ケイトのように普段からコンディションをよく整えている方たちでさえ、ゆがみは避けられないのだということも改めて理解しました。

　くせというのは、ほぼ無意識に行っていることですし、足首など関節部分は、ちょっと力を抜いた瞬間にすぐゆがんでしまいます。ですから、たとえ気をつけていても、生活している限りどこかにゆがみは出てしまうわけです。

だからこそ、サロンへ通っていただく以前に大切なことは、自ら行う「リセット」と「予防」です。**ゆがみを放っておかず、こまめにリセット**する。そして、**ゆがみをつくらないための予防**を心がける。この2つの習慣を実践することで、元気で若々しい体を保っていくことができます。

ではここから、美しく正しい姿勢のための習慣をご紹介します。気になるものから、ぜひ取り入れてみてください。

姿勢美人になるための習慣

両足重心で立つ

立っているとき片足に重心をかけていると、骨盤がねじれ、お尻が広がる原因になってしまいます。この片足重心は、実は多くの人が無意識にやっているくせ。信号の前で立ち止まったときや、電車やエレベーターを待っているときなどは、**両方の足裏の全体に、均等に重心をかけて立つ**ことを習慣にしましょう。

ほんの小さなことですが、こうして無意識のくせを意識的な習慣に書き換えていくことで、体はどんどん変わっていきます。

頭の位置の正し方

頭頂部から1センチくらい後ろを、上から糸で引っ張り上げられているつもりで、頭の位置を正してみてください。(45ページ参照)

こうすると、首がすっと伸びて、あご周りの力が自然に抜けるのがわかると思います。さらに、鏡で全身を見てみると、背すじが伸びて両肩がリラックスし、おなかも引っ込み、反り腰も緩和されているはず。

この頭を引っ張り上げられるイメージは、正しい姿勢を保つのにとても効果的かつ簡単な習慣です。「姿勢を正しましょう」といわれても、普通はどうすればいいのかわからないものですが、この習慣ひとつを実践するだけでも、自然と全身が正しい位置にセットされていきます。

立つ、歩く、座る。どんなときでもこのイメージで、頭の位置を直してみてください。

理想の立ち姿は「一直線」

信号待ちや電車の中など、じっと立っている時間があったら、正しく立つ練習をしてみましょう。腰くらいの幅に両足を開き、次のような「一直線」を意識してください。

- 正面から見たときは、足の人差し指・膝・腰部が一直線になっている
- 横から見たときは、くるぶしの前側・膝のお皿の外側・大転子（太もものつけ根の外側）・肩・耳たぶが一直線になっている

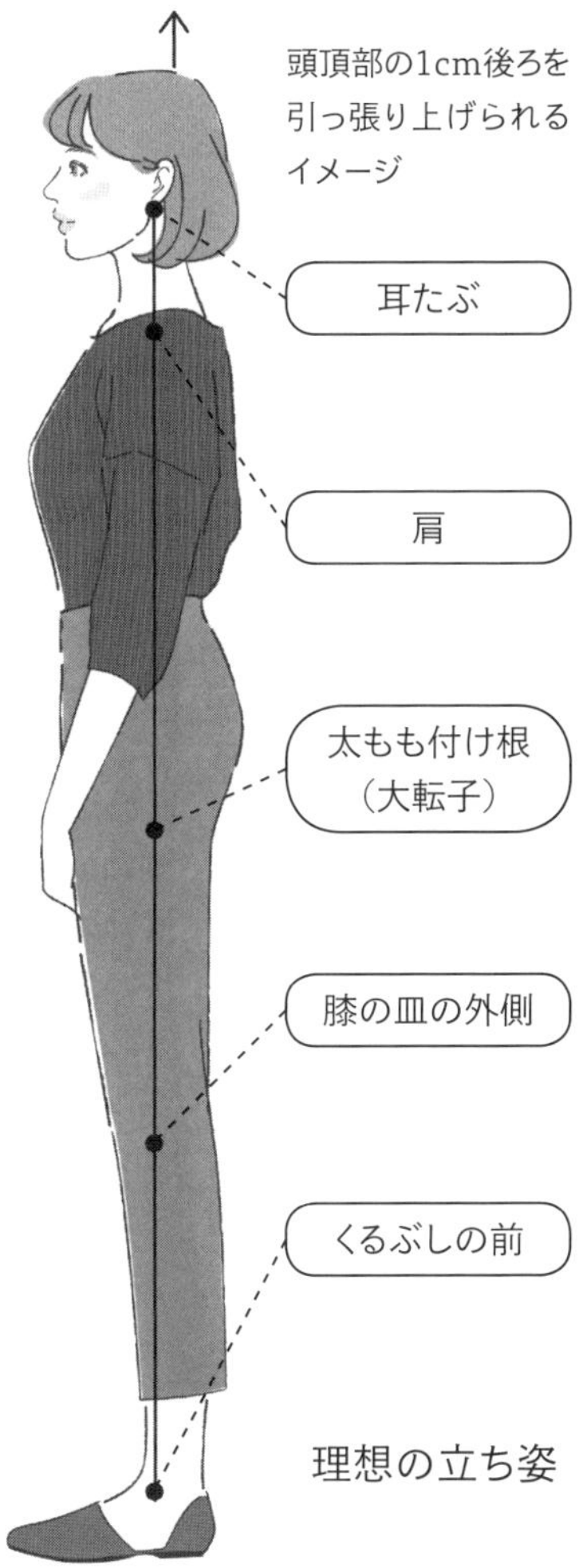

理想の立ち姿

本来は、これが理想の姿勢です。やってみると、タランとゆるんでいたお尻がキュッと締まり、上半身も自然とまっすぐになるのを感じていただけるはずです。最初は難しいかもしれませんが、**せめて足の裏をしっかり踏ん張って、膝が曲がらないように気をつけて**みましょう。それだけでも、体のゆがみをかなり防ぐことができます。

歩くときは「膣からティッシュを引き上げる」

歩くときも、もちろん正しい姿勢を保ってまっすぐに歩くことが大切です。**膣から頭の上へ向かって、スーッとティッシュを引き抜くところをイメージしながら歩いてみましょう。**

ゆがみのない体を保つには体幹《たいかん》が大切なのですが、「体幹」「体の軸」といわれても、言葉だけでその感覚をつかむのはなかなか難しいもの。ですが、**このイメージを持つと、自然に体の軸を取りやすくなる**のです。

もうひとつのメリットは、普段使いにくい**「骨盤底筋《こつばんていきん》」も意識できる**こと。骨盤底筋とは、骨盤の中で内臓を支えているハンモックのような、大切な筋肉です。弱ると、下腹がぽっこり出たり、お尻が垂れたり、または尿もれの原因になったりすることがあるのですが、ティッシュを引き上げるイメージを持てば自然に意識がいき、きちんと使うことができるようにもなります。

坐骨《ざこつ》の上に座る

座るとき無意識にペタンとお尻を下ろすと、股関節が外に張り出し、座っている間に骨盤がゆがんでしまいます。これを防ぐには、お尻の骨である坐骨の上に座るよう意識しましょう。坐骨がよくわからない方は、椅子に座って体を左右に揺らし、座面に当たる骨を確認してみてください。(54ページ・メソッド①参照)

まず、**椅子に座る前に両足を揃え、座面に手をついて少しだけ腰を浮かせます。そこから左右の太ももの裏側に意識を集中し、真ん中でぴったり閉じるようにしながらゆっくりお尻を下ろします。**これが、坐骨の上に座っている状態です。

普通に座ったときと違って、お尻と太ももがベチャッと広がっていないはず。膝頭も力を入れなくとも自然にくっつくので、電車の中で座ったときにだんだん膝が開いてしまうことや、スカートで座ったときに膝が開くのをハンカチで隠す必要がなくなります。

この座り方を習慣にして、股関節も坐骨もきれいな状態を保ちましょう。

理想の座り姿

オフィスや在宅ワークなどで長時間座っているときは、タオルで骨盤をサポートするのもおすすめです。最初はきちんと坐骨の上に座れていても、だんだん骨盤が後ろに倒れて背中が丸まり、猫背になって首も前に突き出してしまうのを防げます。

タオルを畳んで、座っているお尻の後ろから3分の1くらいの範囲（右イラストの両矢印間）に当てるようなイメージです。こうすると、**骨盤をまっすぐに立てやすくなって、正しい姿勢をキープ**することができます。

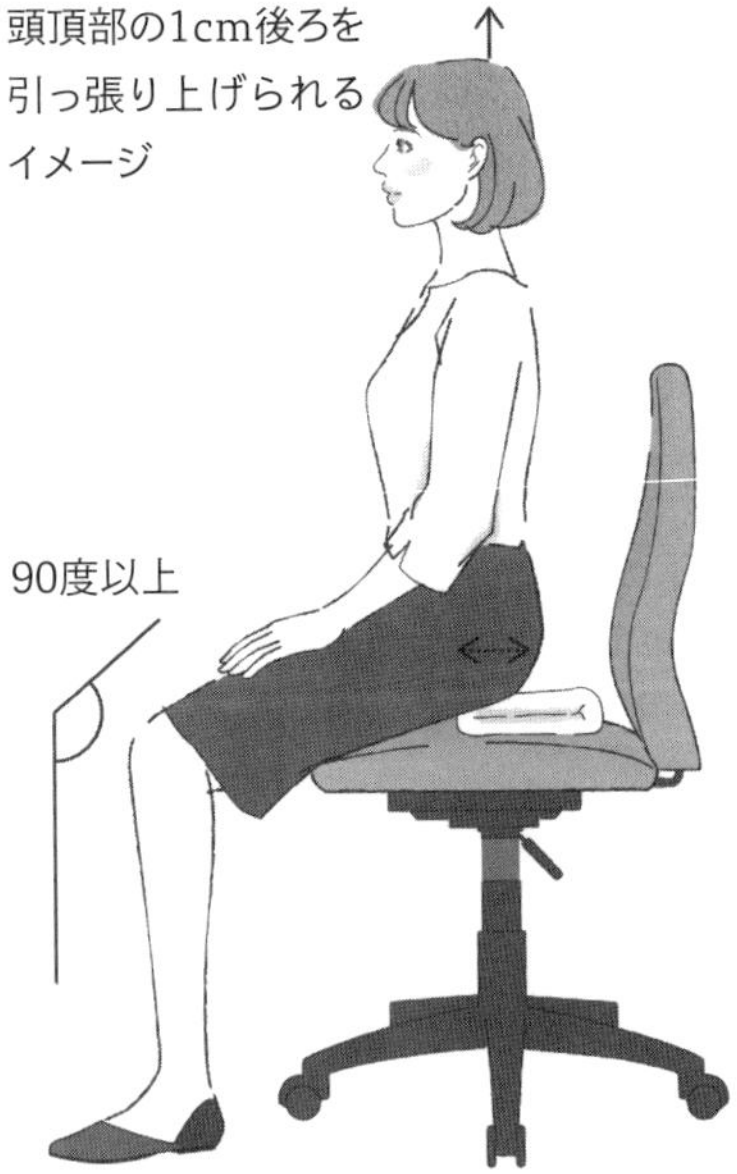

ちなみに、椅子の**座面は高め**に設定し、**浅く腰かけて両足の裏がきちんと床に**

つくようにすること、**曲げた膝の角度が90度以上に開く**ようにすることも意識するとパーフェクト。角度が90度より狭くなると、鼠径部《そけいぶ》が圧迫されてリンパの流れが滞りがちになってしまいます。また、座るときにも頭頂部の1センチ後ろを引っ張り上げられるイメージを持つようにすると、正しい頭の位置をキープできます。

ゆがむ座り方はNG

正しい座り方の練習をする一方、NGの座り方を避けることも大切です。次のような座り方は、すべて体をゆがませてしまうので要注意。

- 足先を投げ出す
- 片膝を立てて座る
- 体育座りをする
- あぐらをかく
- 床に座る

足先を投げ出すとよくない理由は、ふと力を抜いた瞬間に関節は動くものだから。力が抜けた状態で足首をいろいろな方向に投げ出していると、足首がねじれてしまうのです。体育座りやあぐらも、股関節が外側に張り出して骨盤がゆがんでしまう座り方。また、床生活は体に負担がかかるので、基本的にNGです。

私は家にいるときも、椅子に座って足の裏を床につけるようにしています。**くつろぎたいときは、だらだらせずにベッドに入ってしまうほうが体のためにはおすすめ**です。

お尻の筋肉を刺激する

私は普段、サロンでエレベーターを待っているときに、**壁を使ってお尻を鍛える**ことを習慣にしています。壁を背にして30センチほど離れた位置に、45ページのように「一直線」で立ちます。この状態で片足を後ろに引いてかかとを壁につけ、グッと壁を押し出すようにします。こうすると、大臀筋《だいでんきん》というお尻の大きな筋肉に力が入り、手軽なトレーニングがわりになるのです。

忙しくて運動をする時間が取れない人、運動が苦手な人には、特におすすめの習慣です。

足の指に刺激を送る

お風呂の中で足の指をほぐしたり、じゃんけんをするようにグー、チョキ、パーの形に足の指を曲げたりなど、足の指に刺激を送ることはぜひ習慣づけたいもの。私の場合は、家の中でスリッパを履かずに素足でフローリングを歩いています。そうして、特に使いにくい小指を意識して踏み込むようにするのです。

足の指が使えるようになると、まっすぐ立てるようになり、合わせてふくらはぎの太さも変わります。膝を曲げずに歩けるようになるので、**膝下のゆがみが改善されて細くなっていく**のです。ヒールを履いたときでも、同じく膝を曲げずに美しく歩けるようになりますよ。

バッグは軽く、左右に振り分けて

通勤などでバッグを持つときの姿勢も、体のゆがみに大きな影響を与えます。

いつも同じほうの肩にかけていたり、体が傾くほど重い荷物を持って歩いたりするのは、体に負担をかける原因です。

私は普段、なるべく**余分な荷物を減らしてバッグを軽く**するか、ものが多いときはひとつのバッグに詰め込まずに、左右均等に振り分けるようにしています。こうすると、いくらかは負担を減らすことができるからです。お買い物などで重い荷物を持たなければならないときは、**前に抱える**のがおすすめ。

ハンドバッグなど持ち手が短いバッグの場合は、肘にかけると肩が前に入ってしまいやすいので、なるべく手に下げて持つようにしましょう。

両手をまんべんなく使う

利き手、利き腕という言葉があるように、普通は誰でも得意なほうの手を使って動作をするので、生活の中で体に偏りが出てくるのは当たり前ともいえます。ですが、「なるべく両手をまんべんなく使おう」という意識を持っておくだけでも、体のゆがみの度合いは違ってきます。

たとえば、**「繊細で大事な作業以外は、利き手と反対の手を使う」というルール**を設けてみてはいかがでしょう？　床に落ちたものを拾ったり、エレベーターのボタンを押したりするくらいなら、反対の手でも無理なくできますね。

また、「食事をするときは利き手、おやつを食べるときは反対の手」というのもおすすめ。**反対の手で食べると時間がかかって早食いの防止になるので、ダイエット効果も得られて一石二鳥**です。

坐骨をほぐすメソッド

次ページは、骨盤の中にある坐骨をほぐして体のゆがみをリセットするため、1日の終わりの習慣にしている整筋メソッドです。硬式のテニスボール（固く丸めたタイツでも代用可能）を使って、体の要である骨盤のゆがみを取ります。

普段はあまりさわらない部分なので、最初は衝撃的な痛さがあるかもしれません。ですが、このメソッドを行うと骨盤の位置が改善されて、**ちゃんと坐骨に座れるようになりますし、正しい立ち方も楽にできるようになります。**

ポイントは、上体をまっすぐにキープすること。難しい場合は、椅子の座面を手でつかんでも構いません。**勢いをつけず、静かに**行いましょう。

坐骨をほぐすメソッド

❶

椅子に座って体を揺らし、座面に当たるお尻の骨（坐骨）を左・右の外側・内側で計4ヶ所、確認する

❷

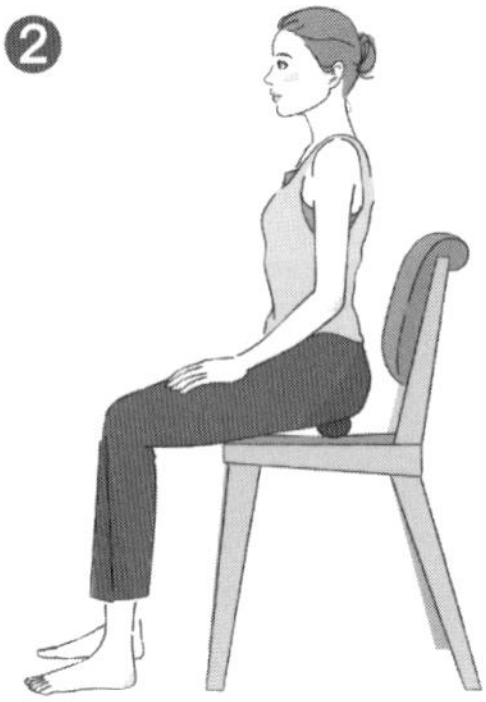

左の外側坐骨の真下にテニスボール（固く丸めたタイツで代用可）を置いて座る

❸

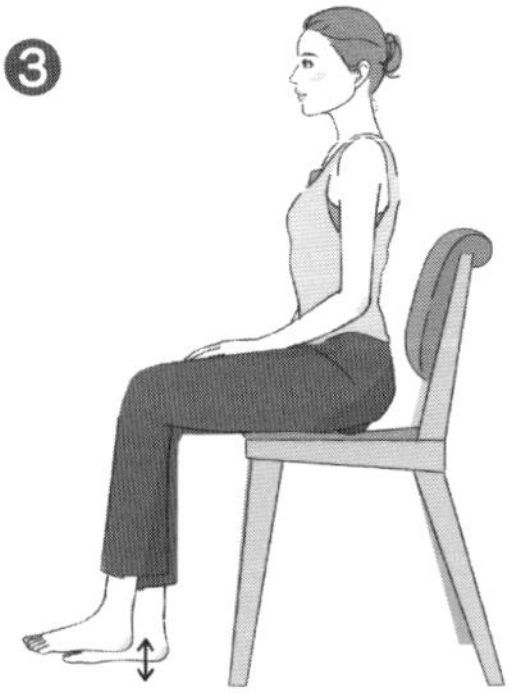

息を吐きながら左足を小さく10回上げ下げする

❹

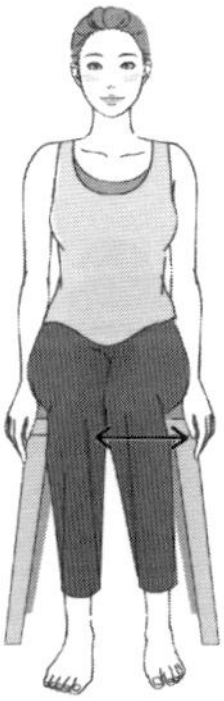

左足を少し上げ、左右に小刻みに揺らす。左の内側坐骨、右の外側・内側坐骨の下にもボールを置きかえて座り、同様に繰り返す

第 3 章

顔の若さは自分の手で保てる

あなたの顔は、「美人習慣」で変わる

- つるんと丸いおでこ
- 立体的な頬
- シャープなフェイスライン
- ふっくら豊かな上唇の山
- みずみずしくハリのある透明肌

若々しい顔にあって老け顔にないのは立体感＝「ハリ」です。パーンと押し返すように元気なハリは、その人をはつらつとチャーミングに見せてくれると思います。

だからこそ、おとなにとってたるみケアは必須。たるみを化粧品だけでケアするのは難しいといわれますが、自分の手を使って改善することは可能です。お金よりも手をかけることで、顔の若々しさはキープできるのです。

鏡に映る顔にハリが出ると、心もピンと元気になります。この「心のハリ」こそ、おとな美人に何よりも大切なもの。心のハリは、本物の明るい笑顔を生み出します。

顔にも心にも大ダメージを与える「たるみ」

シワ、シミ、くすみなど、顔に出るエイジングサインはいろいろありますが、なかでも見た目年齢に大きく関わるのがたるみです。ほうれい線、目頭から斜め下に刻まれるゴルゴライン、左右の口角からあごに向かって操り人形のように伸びるマリオネットラインなどがその例ですが、ある製薬会社の調査によれば、「ほうれい線が1センチ伸びると6歳老けて見える」というデータもあるほど。

たるみは、ゆがみやむくみのように健康に関わる影響があるわけではないのですが、心への影響度は最も深刻だと思います。朝起きて鏡を見たとき、あるいは地下鉄の中でふと窓ガラスを見たとき、そこに映る自分の顔がたるんでどんよりとしていたら……。気分は、一気にどん底まで落ちてしまうでしょう。

ですが、「年齢のせいだから仕方ない」と、あきらめるのはちょっとストップ。実は、**たるみの原因は年齢だけではない**のです。年齢だけではないからこそ、今日からでもちょっとした習慣を始めれば、顔のたるみはちゃんと改善されていくということ。

まずは、たるみの本当の原因を、しっかり理解することから始めましょう。

顔のたるみを生む、食いしばり・筋力低下・むくみ

顔のたるみに大きく関係しているのは、やはり普段の生活習慣＝くせ。その、くせのなかでも深刻なものが**「食いしばり」**です。

集中しているときやストレスを感じているとき、無意識にグッと歯を食いしばっている人は、とても多くいらっしゃいます。この**食いしばりによって、こめかみ付近の側頭筋《そくとうきん》がギュッと縮んで凝り固まり、頬を引き上げにくくなってしまう**ことがたるみの一因なのです。

ほかにも、こめかみ周辺が縮んで頭蓋骨が前へ下がってくることによって、

・目がくぼんで小さくなる
・頬全体が長く間延びした感じになる
・おでこが四角く張ってくる

このような影響も出てきてしまいます。

この食いしばりのほか、**「筋力の低下」**も、顔のたるみを生む原因になります。顔に集まっている**表情筋をまんべんなく使わないと、使えていない部分が衰えてたるんできてしまう**からです。

たるみを呼ぶもうひとつの原因は、**「むくみ」**です。あごやフェイスラインは、脇の下や膝裏と同じようにリンパがたくさん集まっている部分です。そのリンパが滞ると、周りに老廃物や余分な水分がたまってむくみとなります。すると、**水分を含んでいるむくみの重力に引っ張られて、そこがたるんできてしまう**のです。

二重あごやフェイスラインのぼやけが気になる方の顔にさわると、あごの下に指が入らないくらい老廃物が詰まっていることも珍しくありません。

食いしばりを解消するとモテ顔になる！

たるみの3大原因の中でも、食いしばりは特に悪影響が大きいだけに、改善されたときの効果は目を見張るものがあります。リフトアップはもちろんですが、私自身も驚いたのは、「急にモテだした」というご報告をよくいただくことです。

その理由は、まず**「左右対称の顔」になっていく**こと。食いしばりで筋肉が凝り固まっていると、たるみと同時に、顔のゆがみも出てくるようになります。あご丸ごと反対側に鼻が曲がったり、口角が片方だけ上がったりと、左右が非対称になっていくのです。**人間は、左右非対称のものを見ると違和感やストレスを感じる**のだそう。ですが、左右対称のものに対しては脳が疲れないので、心地よく、好ましく思えるというのです。

もうひとつは、**「丸いカーブのおでこ」に変わっていく**こと。食いしばりによって下がっていた頭蓋骨が正しい位置に戻ると、角張っていたおでこがつるんと丸くなります。このおでこの丸みは、女性らしい顔立ちの象徴。**丸いものは誰から見ても「かわいらしい」と感じられる**ように、印象がとてもチャーミングに変わるので、私が施術をするときも大切にしているポイントです。

そして最も大きいのが、**「雰囲気が柔らかくなる」**こと。食いしばりで凝っていた筋肉に弾力が戻ってくると、どのお客様も**表情がやさしく、柔らかく変わっていきます**。そんな自分の様子を鏡で見るたびに、心もだんだん元気になっていくようなのです。通ってこられるうちに、ニコッとかわいらしい笑顔になることが増えていく様子は、私から見ても本当に魅力的で素敵です。

実際の例を挙げると、今まで7~8年ボーイフレンドがいなかったというあるお客様は、最初はとても険しい表情をされていて、食いしばりのためにおでこも角張っていました。それが、施術が進むごとにだんだんと笑顔が増え、かわいらしい雰囲気に変わっていくとモテ期到来。久しぶりに彼ができ、その方とは長く続かなかったものの、すぐ新しい方とおつき合いが始まって、トントン拍子に結婚が決まったのです。

また、凝りがほぐれてやわらかい表情に変わったとたん、昔からのお友達なども含めて半年間で5人に告白されたという方も！　サロンに来られるたびに「すごいのよ、本当にモテるの」とご報告くださっていたそのお客様も、今では結婚して幸せなご家庭を築いていらっしゃいます。

魅力的な「え」の口で筋力も回復

顔のたるみの3大原因のひとつ、「筋力の低下」も、改善されるとグッと表情が魅力的に変わります。

あるとき私は、担当している女優さんから「インタビューを受けたり、テレビに出たりするときは、必ず『え』を発音するときの口の形にして、上の前歯が見えるように話すの」と、教えていただいたことがありました。

「**上の前歯が見えるように話すと、お相手がリラックスして笑顔になる**から。逆に前歯を隠して話すと、緊張感を与えてしまうし、魅力的にも見えないのよ」

確かに、テレビを見ながら研究してみると、深刻なニュースを読んでいるキャスターの方は前歯が見えていません。一方、バラエティなどに出ているタレントさんたちは、上の前歯が見えていて、こちらまで楽しくなるような話し方をしています。

自分でも試してみてわかったのですが、実は左のイラストのように**「え」の口で話せるようになるには、鼻の下を持ち上げる筋力が必要**なのです。

頬には4つの表情筋がありますが、そのうちの外側の2つ、頬骨から口角を引き上げる「大頬骨筋《だいきょうこつきん》」「小頬骨筋《しょうきょうこつきん》」という筋肉は、どの人も割とよく使っています。

一方、鼻の脇から上唇を持ち上げる「上唇鼻翼挙筋《じょうしんびよくきょきん》」「上唇挙筋《じょうしんきょきん》」は、私がお話を伺った女優さんのように、普段から

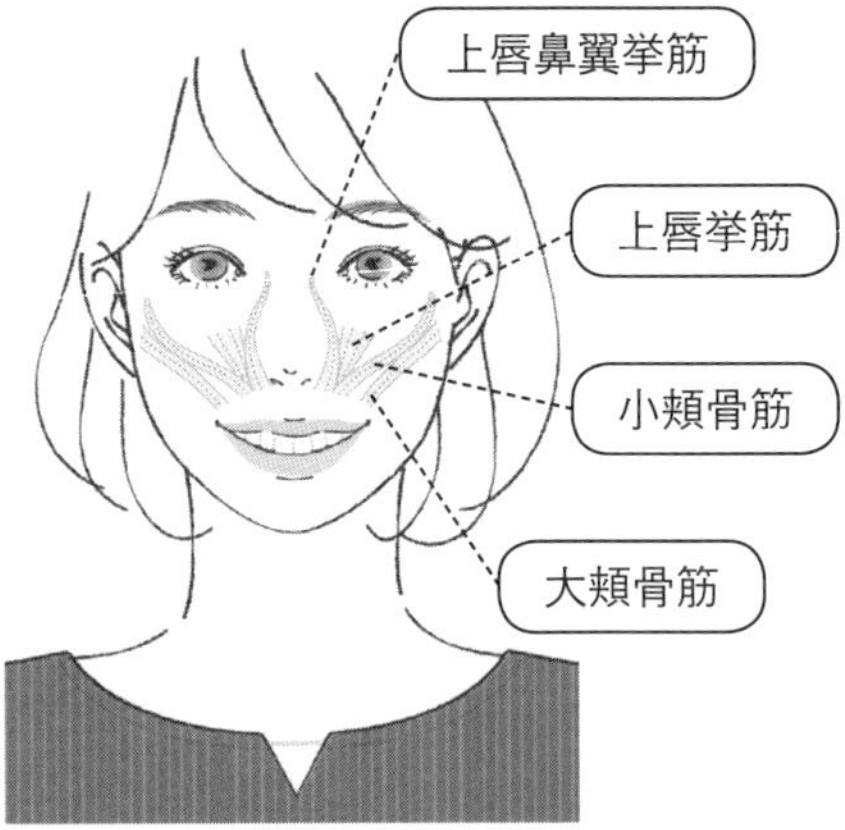

4つの表情筋と「え」の口

意識していないとなかなか使えません。

「え」の口がつくれないと表情が少し陰気になってしまううえ、**鼻の下がたるんで伸びてくるために、ほうれい線がさらに深く見えてしまう**のです。

この状態がさらに進んでいくと、

・上唇の山の輪郭がぼやける
・上唇自体がやせて薄くなる
・頬の中央から立体感が失われて、顔が横にのっぺりと広がる

という老け見えも引き起こしてしまいます。

今の時代は、昔より人と話す機会が減ってきているといいます。「連絡はメールやSNSが中心」「一人暮らしや在宅ワークをしている」など、心当たりのある方は、努めて顔の筋肉を動かしましょう。後ほど、「え」の口で話すための習慣をご紹介しますので、ぜひ実践してみてください。

習慣は化粧品より効率的。UVケアは予防第一

「食いしばり」「筋力の低下」「むくみ」という、この3つの原因を踏まえると、**顔のたるみを化粧品だけでケアするのは難しい**ということが、おわかりいただけると思います。現代の化粧品は日進月歩で研究が進んでいますが、**肌よりも奥にあるこれらの原因を改善していったほうが、確実で効率もいい**のです。

・食いしばりをストップすること
・表情筋をまんべんなく使うこと
・むくみをしっかり流すこと

この3つを習慣にすれば、顔のたるみはちゃんと改善されていきます。

さらに、今後のたるみを防ぐための対策として、もうひとつ**プラスしておいて**

いただきたいのが、徹底的なＵＶケアです。

紫外線は日焼けやシミの原因というイメージが強いのですが、肌にもたらす悪影響はそれだけではありません。浴びた紫外線は、肌の表面から深部へと届き、肌のハリを支えているコラーゲン、そのコラーゲンを生成している線維芽細胞《せんいがさいぼう》などに、ダメージを与えます。すると、肌はハリを失い、たるみやシワが生まれてしまうのです。

試しに、いつも紫外線を浴びていないおなか周りの肌と、顔の肌を比べてみてください。顔のほうが血流がよいとしても、おなかの肌のほうが断然きれいなことがおわかりいただけると思います。

この紫外線の怖さを知らなかった10代の頃の私は、「布団を干すと日光消毒できるなら、ひどいニキビも日光浴すれば殺菌されるんじゃないかしら」と思い立ち、海へ行ってわざわざニキビのところだけを太陽に当てていたことがありました。そんなことをしてよくシミやたるみにならなかったものだと、今思い出してもゾッとしてしまいます。

ともかく、3大原因へのケアを心がけていても、毎日無防備に紫外線を浴び続けていては台無し。紫外線に対しては、とにかく予防第一で対策しましょう。**ダメージを受けてからあわててリカバリーするよりも、予防するほうが時間もお金もかかりません。**特に、肌ダメージを修復するスピードが落ちてくるおとな世代だからこそ、万全な予防をしっかり習慣づけたいものです。

自分しだいで、たるみも運気も上げられる

観相学という占いの世界では、「顔がこうなっていると運気がいい」という見立てがいろいろあるそうですが、「村木さんが行っているメソッドは、それに近い顔になれるんですよ」と、あるメディアの方に言われたことがあります。

考えてみると、メソッドで顔のたるみが持ち上がった女性は、とても元気になられますし、自信がついてはつらつとされます。そうして振りまくオーラが明るくなれば、運もご縁も寄ってくるのは、確かに自然なことのように思えました。

たるみを上げて、運気も上がるのならお得なもの。「最近ツイていない」「気分が上がらない」という方も、ぜひここでご紹介する習慣とメソッドを実践してみてください。以前、モニターの女性数名にメソッドをいくつか実践していただいたところ、3週間で1・1センチほうれい線が短くなるという結果を得られました。つまり、**お金をかけなくとも、手をかけてあげれば自分でたるみを改善することはできる**のです。

初めに、「ほうれい線が1センチ伸びると6歳老けて見える」というお話をしましたが、これは逆に言えば、**「ほうれい線が1センチ短くなれば6歳若く見える」**ということに。あきらめずに、上向きの幸せ顔を目指してコツコツと取り組んでいきましょう。

美人顔をつくる習慣

奥歯を浮かせる

顔のたるみの大きな原因「食いしばり」を防ぐため、日中はなるべく**上下の奥歯を浮かせる**ことを習慣づけましょう。「奥歯が合わさっている状態がニュートラル」と思っている方は多いのですが、歯が軽く重なっただけでも、食いしばりの筋肉は働いてしまいます。初めは口が開いてしまっても、そのうち閉じたまま浮かせていられるようになるので、気づいたら少し浮かせることを繰り返してみてください。

43～45ページのように、頭の位置を正しくキープすることも心がけると、口元の力みが自然に抜けて、より歯を浮かせやすくなります。

「え」の口で表情筋を鍛える

鼻の下と上唇を持ち上げるようにして「え」の口をつくる、2つの表情筋がなかなか使われていないことは先にお話ししたとおりです。多くの方は、下の前歯しか見えない「い」を発音する口で話しがち。そのまま歳をとっていくと、話しても笑っても下の前歯しか見えない口元になってしまいます。ですから、普段から「え」の口で、上の前歯が見えるように話すことを習慣づけましょう。

最初は難しいので、**鏡の前で「え」の口をつくり、その状態で筋肉をさわってくせをつけるだけ**でも構いません。こうして脳から信号を送り続けていると、筋肉がそれをキャッチしてちゃんとできるようになっていきます。

洗顔時に口の中もほぐす

私は朝起きて顔を洗うついでに、鏡を見ながら口の中も指でほぐしています。**人差し指を歯と頬の間に入れ、前から奥までやさしくなでるように、上下に動かしてマッサージ**。力を入れずほんの10秒程度行うだけで、口角がかなり上げやすくなるのです。

加えてこの習慣は、**口内環境を改善**するのにも効果的。こうして刺激を与えると、唾液がたくさん出やすくなります。唾液は、口の中を洗浄して清潔にしてくれるうえ、全身の若々しさを保つ成長ホルモンの一種も含まれているので、いいことがいっぱい（139～140ページ参照）。おとな世代にとっては、かなりお得な習慣といえます。

舌先を上あごにつける

むくみやすく、老廃物の重みでたるみやすい、あごやフェイスライン。閉じた口の中で舌先を上げ、上あごにつけることを習慣にすると、二重あごの予防になります。

本来、口の中での舌のポジションは、舌先が上あごの歯の少し後ろに、常に触れている状態が理想的。ですが、歳を重ねると舌の筋肉が衰えてきて、舌先は上あごについていないことがほとんどなのです。舌先を上あごにつけていると舌の筋肉が鍛えられ、フェイスラインもすっきりしてきます。

首のUVケアを徹底する

たるみというと顔ばかりに意識がいきがちなのですが、首もかなり年齢が出やすいところ。気を抜きがちですが、首のケアも合わせてしっかり行うと、見た目の印象に大きな差が出てきます。

私が特に徹底しているのは、首の紫外線ケアです。ローションタイプの日焼け止めを塗った上から、さらにパウダーの日焼け止めもはたきます。日中に屋外に出るときは、デコルテも服でしっかりガード。こうすれば、顔を支える首元のハリを、紫外線のダメージから守ることができます。

たるみ予防にも「飲む日焼け止め」

最近、広く知られるようになった「飲む日焼け止め」。私も一年中、外出30分前に飲むことを習慣づけていますが、理由はシミを防ぐためだけではありません。飲む日焼け止めの多くには、紫外線を防ぐ成分のほか、肌のターンオーバーを促すビタミン類も配合されています。そのため、コラーゲンや線維芽細胞にかかる紫外線ダメージを軽くして、修復を早めるのにも役立ちます。つまり、たるみを予防するためにも飲んでいるのです。

クレンジングはうるおい重視

たるみを悪化させないためには、保湿をしっかり行うことも大切です。肌が乾燥していると、紫外線ダメージを受けやすい状態になってしまうからです。

そこで見直していただきたいのが、クレンジング。洗浄力の強いクレンジング剤は、肌を乾燥させてしまう原因のひとつです。毎日使うものだからこそ、**ミルクやクリームタイプなど、乾燥しにくいものへシフトする**のがおすすめ。

ちなみに、アイメイクなど濃いポイントメイクは、面倒でも専用のリムーバーで落としましょう。目と顔を一緒に落とそうとすると、強いクレンジング剤でないと落ちなかったり、クレンジング剤をたくさん使うことにもなってしまいます。

洗顔は洗いすぎに注意

クレンジングと同じく洗顔も、場合によっては乾燥を進ませる原因になってしまいます。気をつけたいのは、洗いすぎ。日本人はきれい好きなので、熱いお湯でしっかりゴシゴシ洗っている方も多いのですが、熱いお湯は皮脂の落としすぎになってしまいますし、**ゴシゴシ洗いで皮膚に負担をかけるのも、たるみにつながってしまいます。**

私の場合、夜はクレンジングのみでダブル洗顔はせず、朝はTゾーンだけに洗顔料を使って、乾燥を防いでいます。使うお湯は、33〜34度くらいのぬるま湯。お風呂の中では、頭や体を洗うのと同じ温度のシャワーを顔にも当ててしまいがちですが、肌のためにはぬるめに調節して、両手にお湯をためてすすぐのがおすすめ。洗顔後に**タオルで拭くときも、ゴシゴシ拭かずに押さえて水気を吸わせる**ようにすると、肌に負担がかかりません。

過剰な「はがすケア」はNG

くすみ対策としてピーリングやスクラブを習慣にしている方は多いのですが、こうした「はがすケア」も、たるみ予防の視点からすると注意したいもの。

おとなの肌はターンオーバーが遅れ気味なので、新しい肌をつくるスピードよ

りも、はがすスピードのほうが上回ってしまうと、肌がどんどん薄くなってしまうからです。その結果、紫外線ダメージに対して敏感な状態になったり、肌を傷めてしまったりすることがあるので、くれぐれも要注意。

同じ理由で、ビリッとはがすときに肌組織を傷めやすい毛穴パックは絶対NGです。

鼻の下をほぐすメソッド

口のまわりには「口輪筋《こうりんきん》」という筋肉がありますが、この筋肉が凝り固まると鼻の下がたるみ、口元を老けさせる原因になってしまいます。そこで、私が毎朝の洗顔の前に行っているのがこのメソッド。**指の先を水でぬらしてから、凝って固まった鼻の下をほぐして**いきましょう。

ポイントは、鼻の下を伸ばした状態で行うこと。**鼻の下にある歯茎は意外とデリケートな部分なので、歯茎まで動いてしまわないように**するためです。力を入れず、やさしく行うだけでも十分効果は得られます。

鼻の下をほぐすメソッド

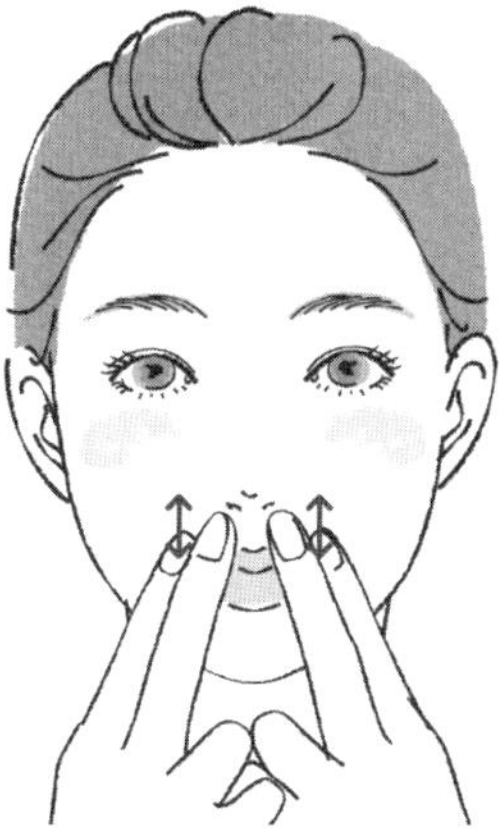

❶

手の指2本を揃え、鼻の真下の中央に第一関節をぴったりつける。鼻の下を伸ばした状態で、筋肉をとらえながら小さく10回上下させる

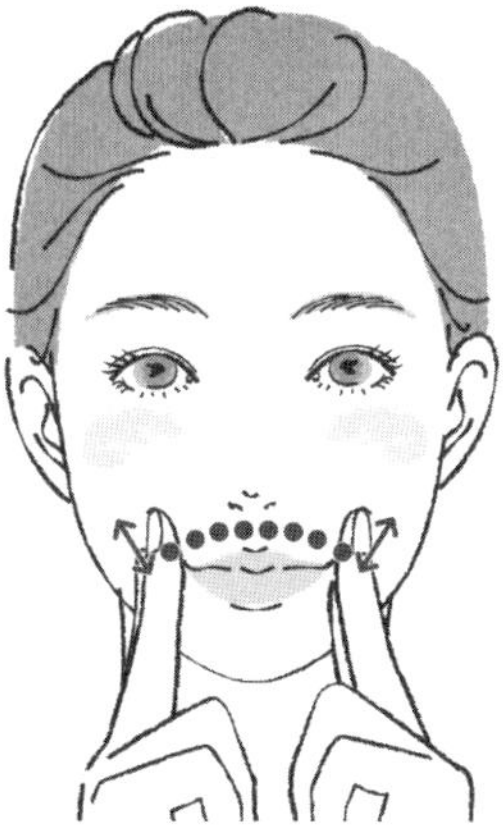

❷

筋肉に対して垂直になるよう指の角度を変えながら、口角に向かって10回上下を繰り返す。

左右同時に●の位置4か所で行う

第4章

美しい髪は
すこやかな
頭皮しだい

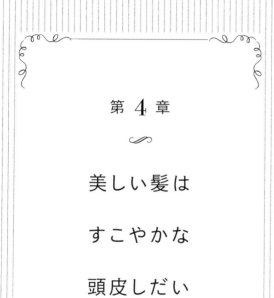

あなたの髪は、「美人習慣」で変わる

- ●つややかでコシのある髪
- ●豊かな毛量
- ●うねり毛を生まない、引き締まった毛穴
- ●血行のよい、しなやかな頭皮
- ●ハチが張っていない、きれいな形の頭

肌は歳を重ねても、メイクでカバーしたり、美容医療を行ったりと、「盛る」ことがある程度は可能です。

ですが、髪はなかなかそうはいきません。薄くなったり、立ち上がりが悪くなったり、コシがなくなってパサついたりと、コンディションの崩れがあらわになってしまいます。

だからこそ、髪が美しい人は本当に若々しく、健康的に見えるのです。

「老け髪」を阻止するには、まず頭皮。そして、インナーケアまでトータルに気を配っていきましょう。

土台から本物の若々しさを育んでいくことで、体の末端である髪までエネルギーが行きわたるようになります。

髪年齢は「頭皮」で決まる

30代半ばを過ぎたあたりから、髪にも年齢による変化が表れ始めます。白髪が目立ち始める、パサつきが気になる、うねった細い毛が生えてくる、ボリュームが減って薄毛になる……。そのせいで、前髪のセットがしにくくなったり、ブローがうまくきまらなかったりして、朝の身支度に時間がかかってしまうことも。シャンプーやトリートメントにこだわってヘアケアをするのも大切なことですが、おとな世代が意識すべきは頭皮です。老化した髪を根本から改善するには、髪の土台である頭皮から、しっかりケアを行う必要があります。

頭皮はたるみ、頭蓋骨はゆがんでいる

女性の髪のトラブルには、ホルモンバランスが関係していることはよく知られ

ています。ですが、それは更年期を迎える50歳前後からのお話。それより早くから髪を蝕《むしば》み始めるのは、「頭皮のたるみ」です。**頭皮がたるむと毛穴が変形するので、うねってツヤのない髪が生えてきてしまう**のです。

この頭皮のたるみには、頭蓋骨のゆがみが関係している場合があります。「頭蓋骨ってゆがむの？」と驚かれるかもしれませんが、頭の右と左でハチの張り方が違っていたり、後頭部が横に広がっていたりする方は、決して珍しくありません。

第1章で、ゆがみとたるみには相関関係があり、「ゆがみによって体の各部が不自然に引っ張られると、たるみやすくなる」というお話をしましたが、これがまさにその例です。頭蓋骨がゆがむことで、おでこの上から後頭部に向かって頭蓋骨を覆っている「帽状腱膜《ぼうじょうけんまく》（96ページ・メソッド①参照）」が引き伸ばされます。すると、頭の表面の頭皮も一緒に引っ張られて、たるみが生まれるのです。

では、「頭蓋骨のゆがみ」はどこからくるのでしょうか？　大きな原因として、前章で顔をたるませる元凶としてもお話しした「食いしばり」が挙げられます。

食いしばりは、あごと頭蓋骨につながって、耳の上に広がっている側頭筋（96ページ・メソッド②参照）をギュッと縮ませます。すると、頬が引き上げにくくなるので顔がたるむのですが、このとき同時に、頭蓋骨はおでこのほうに引っ張られてゆがみ、つられて帽状腱膜や頭皮が下に引っ張られてたるんでいるのです。

顔のたるみは、ほうれい線、ゴルゴライン、マリオネットラインなどのわかりやすい「老け見え」となって表れますが、**頭皮のたるみは一見しただけではわかりません**。ですが、もしもうねってツヤのない不健康な髪が増えてきたら、頭皮がたるみ、ひいては**頭蓋骨がゆがんでいるサイン**なのだと受け取って、すぐにでもケアを始めていただきたいと思います。

また、姿勢の悪さも頭皮のたるみを招きます。

たとえば、目を開ける動作。理想は、おでこ・頭皮・帽状腱膜が連動して後頭部からスムーズに引かれるように動き、ぱっちりと開く状態です。これを可能にするのは、後頭部の下につながっている背骨がしなやかに動くこと。ですが、現代では猫背や前のめりに体を丸める悪い姿勢のせいで、背骨がカチカチに凝り固まって動かない方が多くいらっしゃいます。すると、後頭部側から引っ張る力が弱く、頭皮は顔のほうに向かってたるんでいくのです。

この頭皮のたるみは、おとなの代表的な髪トラブルである薄毛にもよくありません。**頭皮がたるんで頭頂部が引っ張られると、毛穴と毛穴の間にすき間ができます。すると、薄毛がよけいに強調されて目立ってしまう**からです。

しなやかな頭皮には血流と栄養も大切

健康な頭皮を取り戻すには、まずたるみを解消することですが、加えて血流の改善も意識していただきたいポイントです。

頭蓋骨のゆがみによって、頭頂部を広く覆っている帽状腱膜が引き伸ばされてしまうことはお話ししたとおりですが、この帽状腱膜は文字どおり「膜」なので、筋肉がありません。筋肉は血流を促すポンプの役目を持っているのですが、それがないために、**頭部はもともと血流が滞りやすいところ**なのです。そのうえ、この膜が引き伸ばされてカチカチに凝り固まると、血流はますます悪くなります。すると、毛根に必要な栄養素が届きにくくなってしまうのです。

また、**血管を詰まらせるような脂っこい食事も、血流のためにはよくない**といえます。インスタント食品、乳製品、ファストフード、スナック菓子、甘いものなどをよく食べている方は赤信号。こういう偏った食生活を送っていると、若い女性でも髪が薄くなってしまうことがあるので要注意です。

ですが、こうした原因に気をつけて正しくケアをすれば、髪はちゃんと変わります。

私は以前、乳がんのために放射線治療をしたところ、頭に吹き出物ができたり、1ヶ所だけフケが出てくるようになったりと、頭皮環境が悪くなってしまったことがありました。髪もコシのない細い毛になってしまい、とても落ち込んだのですが、それでも自分でできるケアに取り組んだのです。栄養バランスのいい食事をとり、自分の開発したメソッドで頭の血流や凝りを改善していったところ、3年ほどかかってなんとか元の状態まで持ち直すことができました。

ですから、お悩みの方にはぜひ、1日も早くケアを始めていただきたいと思います。特にトラブルを感じていないという方も、ぜひ今のうちから頭皮と髪を大切にしてください。

頭皮ケアで美髪と美顔がいっぺんに叶う

ケアのためにまず習慣にしていただきたいことは、頭皮を徹底的にほぐすことです。頭皮は、おでこや帽状腱膜と連動して、後頭部から引かれるようにスムーズに動くのが理想であることはお話ししました。このとき、頭皮が凝り固まっていると、背骨側からいくら引っ張られても動くことができません。つまり、頭皮そのものが柔軟であることが大切なのです。

詳しいほぐし方は96ページでご紹介しますが、頭皮に柔軟性が戻ってくると、元気な美髪へ導かれることはもちろん、顔全体のリフトアップにも大きな効果が期待できます。すでに広く知られているとおり、頭と顔は一枚の皮でつながっているからです。美髪と美顔で一石二鳥ですから、頭皮ケアはとても効率のいい習慣といえます。

加えて、頭皮の血流を妨げないようなバランスのいい食習慣も心がければ、美髪効果はさらにアップ。外側と内側から、元気な髪を育て直していきましょう。

この2つの「育てる」ケアに加えて、「守る」ケアとして意識していただきたいのが、紫外線対策です。紫外線は毛根にダメージを与え、健康な髪を生えにくくしてしまいます。「秋口になると抜け毛が増える」というのは、夏の強い紫外線が大きな原因なのです。また、すでに生えている髪を変色させてしまう作用もあるので要注意。外出するときは顔やボディだけでなく、頭皮にも忘れずUVケアを行いましょう。

髪が素敵だと美人に見える

映画『プラダを着た悪魔』を見た方は、ヒロインを演じていたアン・ハサウェイの髪を覚えていますか？　最初は伸ばしっぱなしのボサボサヘアで登場するのですが、その後、一流モード誌の鬼編集長のもとで揉まれるなかで、ファッションと一緒に髪もきれいにお手入れされたスタイルへと大変身します。それが、ヒロインの成長と洗練をとてもよく表していました。

つまり、素敵な髪は、美人の象徴なのです。**髪がきちんとしていると、すっぴんでラフな服装でもだらしなくは見えません**し、その髪がハリとコシがあってつややかなら、受ける印象はとても若々しいものになります。

美容というと顔にばかり意識が集中しがちなのですが、その顔の「額縁」である髪にもこだわれば、全体的な美人感はよりレベルアップします。

髪美人になるための習慣

徹底的に頭をほぐす

ツヤのある美しい髪でいられるよう、私は毎日、徹底的に頭をほぐしています（96ページ・メソッド参照）。お風呂に入る前に、ざっと両手で頭をほぐしてからシャンプーをしたり、シャンプーしている間にもほぐすことを意識したり。また、美容業界には持っている方の多い「デンキバリブラシ」という、低周波が流れるブラシも愛用中です。とにかく凝りがひどくて、少しくらいのことでは頭皮がびくともしてくれないので、頭にはかなり手をかけているのです。おかげで髪はいい状態ですし、**目の疲れまですっきりしてよく眠れる効果も**あります。

髪を育てる食事をとる

血管を詰まらせるような、脂っぽいものや甘いものに偏った食生活は、もちろん髪にもよくありません。薄毛やコシのない毛が気になる方は、特にバランスのよい食事を心がけましょう。

おすすめはお肉、お魚、卵や豆類といった、髪の材料になるタンパク質です。さらに、タンパク質の代謝を促すビタミンB群、血行を促進して栄養を届けやすくするビタミンE、髪の成分であるケラチンを合成するのに役立つ亜鉛などもとれればなおよいでしょう。

頭皮にもUVケアをする

顔などと違って、つい紫外線に対して無防備になってしまいがちな頭皮。私の場合、**毎日の通勤時には帽子**をかぶっていますが、帽子をかぶれない方には、頭皮・髪用の日焼け止めがおすすめです。外にいる時間が長いときは、**肌につける日焼け止めと同様、数時間おきにつけなおす**ようにしましょう。

あとは、ときどき髪の分け目を変えるというのも、同じところにダメージが集中するのを防ぐのに役立つようです。

髪は2回洗う

私の洗髪はぬるま湯で、シャンプーを変えて2回。最初は毛穴の汚れを取り、次に髪質を整えるシャンプーで、髪のパサつきを防いでいます。

2回洗うのには、頭皮のニオイが気になるからという理由もあります。ある程度の年齢になったら、やはりエチケットとして加齢臭対策をするのも大切。特に、頭皮はニオイが出やすいところですし、人から指摘しにくいことでもあるので、私は毎日しっかり洗うようにしています。

髪質を上げるトリートメントのつけ方

髪は、量はもちろん、質も大切。なめらかでツヤのある美髪は、見た目の若々しさと美人度を大きくアップします。

髪質向上のために私が行っているのは、なめらかさを高めるトリートメントのつけ方です。これは美容師さんに教えていただいた方法で、髪を小さい毛束に分けながら、**毛先に向かって軽く引っ張るようにしてつけます**。こうするとキューティクルの流れが整って、仕上がりがサラサラの手触りになります。

髪にツヤが出る乾かし方

髪を乾かすときは、**根元から毛先へ向かってテンションをかけながらブロー**すると、やはりキューティクルの流れが整って、髪にツヤが出ます。ちなみに、私と同じようなボブヘアの方は、後ろから前に向かって流すように髪を乾かすと、小顔効果が得られるのでおすすめ。外出先で風に吹かれても顔が丸見えにならず、スッとすぐ元に戻すことができますよ。

人生を変えたいときは、美容室を変える

これは「習慣」とは少し違いますが、自分を今よりよくしたいときに効果的な方法です。

私が2018年に独立してフリーランスになったとき、ある方に「美容室を変

えるといいですよ」とおすすめされました。運気を上げるには引っ越しがいいといわれますが、**引っ越す予定がない場合は、美容室を変えると同じ効果がある**というのです。特に、一流のお客様を担当しているような、有名で人気のあるアーティストに、自分に合うスタイルを提案してもらうのがよいのだそう。そこで、私は10年ぶりに違う美容室へ行き、それまでと雰囲気も変えて、今のようなボブヘアにしていただきました。

確かに、身の回りがずっと同じままでは何も起こりませんが、こうしてあえて変化を起こしてみると、新しい発見や出会いが巡ってくるのを感じます。それに、歳を重ねるとつい安定志向に入りがちですが、**積極的に動いたり、スタイルを変えてみたりすることは、内面的な若々しさを保つ**ことにもつながると思うのです。

今の日常になんとなく満たされないものを感じるなら、思い切って新しい美容室のドアを開けてみてはいかがでしょうか？

頭皮をほぐすメソッド

私が毎日、お風呂で髪を洗うまえに行っているメソッドです。**たるんだ頭皮や、その奥でカチカチに凝り固まっている筋肉を、3ステップでやわらかくほぐします。**

まずは、頭頂部に大きく広がる「帽状腱膜」。頭蓋骨のゆがみによって引き伸ばされたり、血流が滞ったりしやすいので念入りにほぐしましょう。次は、食いしばりによって縮まりがちな「側頭筋」。顔のたるみも引き起こすため、ほぐせば顔のリフトアップにもなります。最後に、後頭部に広がる「後頭筋」もよくほぐして、背骨側からおでこまでの頭皮が連動してスムーズに動けるようにしましょう。

このメソッドは髪が元気になるだけでなく、疲れのリフレッシュにも効果的。特に、凝っている方が多い**生え際は重点的に行う**ことをおすすめします。仕上げに、**首の上から鎖骨に向かってさするようにリンパを流すと、疲れもむくみもすっきり**。ぜひ、夜のシャンプーの習慣にしてください。

頭皮をほぐすメソッド

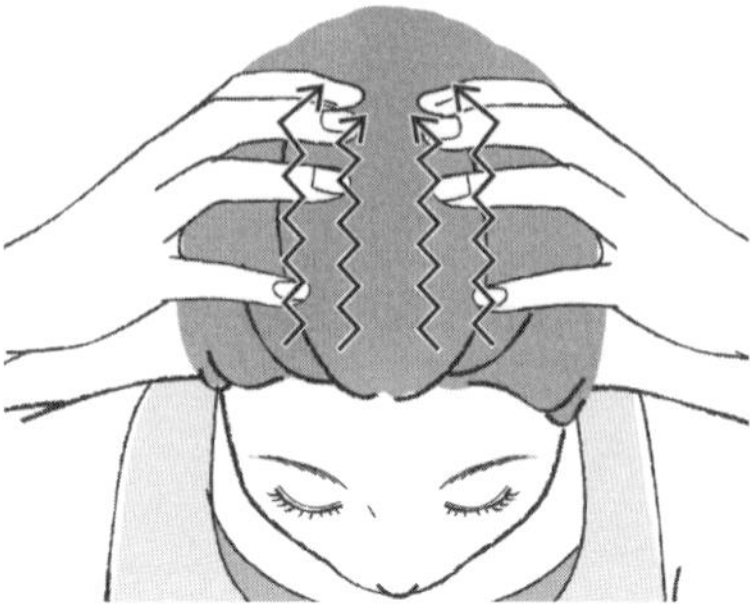

❶

指を大きく広げ、帽状腱膜が広がるおでこから後頭部へと、指の腹で耕すようにジグザグに頭皮をほぐす

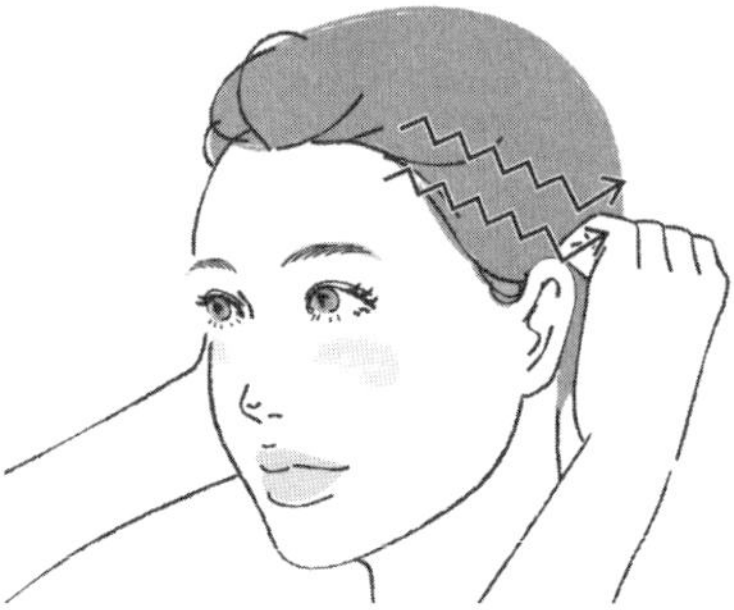

❷

両こぶしの人差し指〜小指の平らな面で、生え際から後頭部に広がる側頭筋を、上下にジグザグに動かしてほぐす

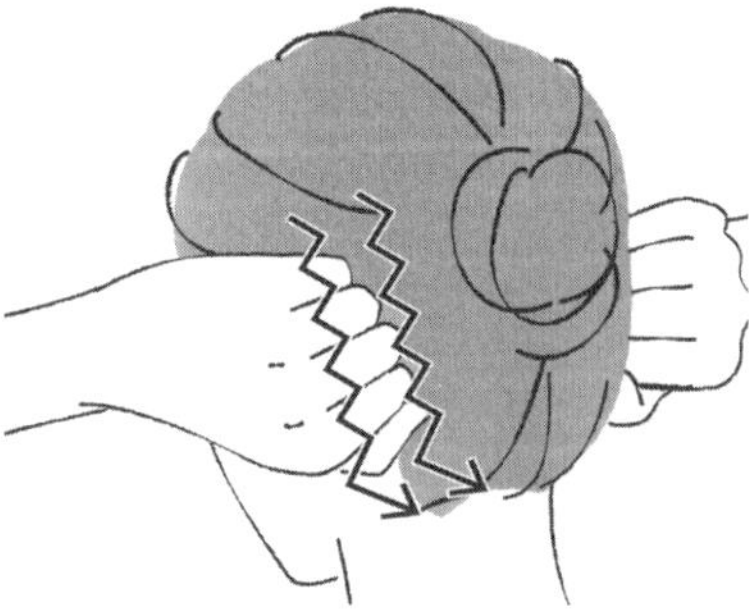

❸

両こぶしを後頭部にあて、後頭筋と首から背中へつながる筋肉を、上から下へジグザグと動かしながらもみほぐしていく

第5章

お風呂は最高のリセット空間

お風呂の「美人習慣」は、あなたを変える

- むくみのないスッキリボディ
- やわらかくほぐれた筋肉
- 疲れが翌日まで残らない
- 心のモヤモヤが解消される
- 心身ともに深くリラックスできる

普段、忙しくて湯船に浸かる時間がなかったり、クタクタに疲れてついそのまま寝てしまったりと、なかなかお風呂に入れない方も多いと思います。

ですが、お風呂の時間を大切にすると、体と心が変わります。洗いながら自分の体にさわったり、疲れたところをほぐしたりと、自分に向き合う時間があるかないかで、次の日の元気度がまったく違ってくるのです。

ゆっくり長く入れなくとも大丈夫。ほんの10分でもいいので、自分のための時間をつくりましょう。
その10分の積み重ねが、疲れのため込み＝老け込みを防いでくれます。

お風呂は、自分に向き合える大切な場所

まだ子供が小さかった頃の私は、育児、家事、母の世話をひとりでこなさなければならず、自分の時間がなかなか取れませんでした。そんな私がほっと一息つける唯一の場所といえば、お風呂だったと思います。

同じように、お風呂タイムが貴重な時間だという女性は、とても多いようです。以前、「お風呂で実践できるメソッド」というテーマで雑誌の取材をお受けしたことがあるのですが、「一日のなかでひとりになれる唯一の時間に、効率よく体のリセットができるのはありがたい」と、大きな反響をいただきました。

忙しい今の女性にとって、自分に向き合い、自分を大切にしてあげる時間をつくるのは、簡単なことではないと思います。だからこそ、「毎日のお風呂だけは私の時間！」と決めて、自分に手をかけることを習慣づけてしまいましょう。**湯船に浸かっている10分程度の間でも、体は十分リセットできます。**それにお風呂

は、体をリセットするのに絶好の環境でもあるのです。

今すぐ細くなりたいなら、むくみを解消する

お風呂は、特に「むくみ」をリセットするのにとても適した環境です。その理由をお話しする前に、むくみとは何かを、ここで改めてご説明しましょう。

むくみとは、余分な水分や老廃物が体に滞っている状態のこと。お酒を飲んだ翌朝に顔が腫れぼったくなったり、立ち仕事の後にふくらはぎが張ってだるく感じたりするのは、代表的なむくみの例です。日常的によくあることなので、深刻に捉えている方は少ないかもしれませんが、むくみを放っておいていいことはありません。

その理由は、まず太って見えること。**むくみだけでお腹まわりが3〜4センチ増える**ことは珍しくありませんし、もちろん**足は太く、顔も大きく見えてしまい**

ます。スタイルをよくしたいと思ったら、脂肪を減らすよりもむくみの水分を排出したほうが、手っ取り早くきれいに見せられるのです。これは、かつてエステサロンで痩身メニューを担当していた、私自身の経験にも基づきます。

30代の初め、私はメディカルエステティシャンとして働いていました。当時はエステといえば痩身がおもな目的で、私も「エンダモロジー」という、体のセルライトを解消するためのマシンを使って施術することが多かったのですが、これだけではなかなか納得のいく結果につながりませんでした。その頃から、結果を出すことに何よりもこだわっていた私は、もっとよい方法はないものかと考えていたのですが、そこで気づいたのがむくみだったのです。

私が見たところ、通ってこられるお客様の多くは、脂肪だけでなくむくみもためていらっしゃいました。そこで、従来のエンダモロジーに、リンパの大掃除をして老廃物の排出を促すハーブトリートメントを組み合わせてみたところ、たちまち予約が取れない大人気メニューに。あまりに予約が取れなくなってしまったので、専用のサロンを自ら持つことになったほど、多くのお客様に喜んでいただけました。それくらい、**むくみの原因を排出することには「痩せ見え効果」があるの**です。

むくみを早く解消したほうがいい理由は、もうひとつあります。それは、**筋肉の質が悪くなる**こと。筋肉は本来、つきたてのお餅のようにやわらかく弾力がある状態が理想です。ところが、むくみを放っておくと、たまった老廃物が筋肉の中にヘドロのように絡みつき、筋肉の動きを妨げてしまいます。すると、動けなくなった筋肉はカチカチに凝り固まってしまうのです。

こうして筋肉が弾力を失うと、体のゆがみにつながるほか、リンパの流れを促すポンプの役目も果たせなくなるので、むくみをさらにひどくする悪循環にもなってしまいます。

お風呂がむくみを取るのに向いている理由

むくみの意外な悪影響がおわかりいただけたかと思いますが、もともと人間の体には、リンパの流れを促すしくみがちゃんと備わっています。

・動脈の拍動
・呼吸するときの横隔膜の動き
・腸の蠕動《ぜんどう》運動
・外圧

これらに対して反応する瞬間に、リンパが流れます。ところが、現代人のライフスタイルでは、動脈以外のしくみが働きにくいために、むくみやすい方が多いのです。

まず、**呼吸の浅さ**。体がゆがんでいるために、深い呼吸がしにくくなっている方はとても多くいらっしゃいます。**呼吸が浅いということは、横隔膜の動きが弱く、リンパが反応しにくい**ということ。

しかも、呼吸が浅いと体を緊張させる**交感神経が優位の状態になりやすいので、腸の働きも弱まって**しまいます。腸は、蠕動運動によって腸まわりに集まったリンパの流れを促しているのですが、体がリラックスした副交感神経優位の状態で、活発に働くのです。

そして**外圧は、マッサージやお風呂の湯船の水圧**がこれにあたりますが、忙しくてマッサージなどしている時間がなく、入浴もシャワーで済ませている方は少なくないでしょう。

ですが、こうした**体のしくみを、効率よく促すことができるのがお風呂**です。少しでも湯船に浸かれば、外圧でリンパの流れを促すことができます。また、ゆっくりひとりで温まっているとリラックスできますし、好きな香りの入浴剤やアロマを使えば、香りを吸い込むことで自然と深い呼吸をすることもできて、体は副交感神経優位の状態に。もちろん腸の蠕動運動も促されます。

「お風呂がむくみをリセットするのに絶好の環境」というのは、こうした理由があるわけです。

今夜の湯船で、翌朝の美人をつくる

　ですから、クタクタに疲れている夜も、なるべく頑張って湯船に浸かることは本当におすすめです。翌朝に疲れが残らず、パフォーマンスは確実に上がるので、忙しいときほどお風呂を大切にしていただきたいと思います。

　湯船に浸かることを習慣にするだけでもむくみには効果的ですが、浸かっている間に、特にむくみやすい足の集中ケアも習慣づけるのがおすすめ。足のむくみを解消することは、体全体のたるみとゆがみにも効果があるからです。

　足がむくみやすかったり、体重をうまく支えられずに姿勢が悪くなっていたりする方は、膝下や足首がねじれたようにゆがんでいる場合がほとんど。でも、むくみと一緒に筋肉にこびりついていた老廃物が排出されると、筋肉がちゃんと動けるようになって、ゆがみが整うのです。すると、**足はすっきりと細く美脚になっていきますし、足に支えられている体全体の姿勢も整って**きます。

お風呂の中では体が温まっているので、筋肉のリセットがしやすい状態になっていますし、**バスタブの中では後ろに寄りかかれるので、部屋の中よりケアがしやすい**のもポイント。リラックスしながら、今日のふくらはぎや足首のむくみを、心地よくケアしてあげましょう。

お風呂で美人になるための習慣

短時間で効果的に入浴する

私はできるだけ毎日湯船に浸かっていますが、それほど長く入っているわけではありません。**10分か15分くらい**でも、入浴の効果は十分感じられています。**お湯の温度は40～41度**ほど。42度だと、目覚めのシャワーには適温でも、浸かるには熱すぎますし、38度だと、心臓に負担がある人が半身浴をするのにはよくても、浸かるにはぬるすぎるからです。バスタブの中では、112ページのメソッドを行って、足のむくみとゆがみをリセットするようにしています。

お風呂に入れないほど疲れているときも、そのまま寝ると体がリセットされないので、結局疲れが取れません。**せめてシャワーを浴びるか、足の指だけでもほぐしながら洗うようにする**のがおすすめです。

湯船にアロマで深呼吸

湯船に入るときは、もみの木やラベンダーなどのアロマオイルを数滴垂らしています。こうすると、香りを吸い込むように深く呼吸をすることができるのです。**深呼吸をするとリンパの流れが促されますし、リラックスした状態でベッドに入れます。**

入浴は寝る1時間半前に

入浴するタイミングは、ベッドに入る1時間半前くらいに設定しています。入浴中に一度上がった体温が、再び下がり始めるのがちょうど1時間半後くらい。すると、**体に自然な眠気がやってくる**ので、このタイミングに合わせてベッドに入ると、とても質のいい睡眠がとれるのです。睡眠の大切さは第6章で詳しくご紹介していますので、ぜひお風呂とセットで意識してみてください。

体は手で洗い、週1回スクラブ

私は体を洗うとき、いつも手を使います。スポンジやナイロンタオルで**ゴシゴシ摩擦すると、乾燥や色素沈着の原因に**なってしまうからです。手では背中などにうまく届かないという方には、なめらかな絹のボディタオルがよいでしょう。

お風呂上がりに**バスタオルを使うときも、ゴシゴシ拭かずに押さえるようにして水気を取る**のがポイントです。その後はすぐに、保湿ケアを行いましょう。

ひじや膝など角質が気になるところには、フルーツ酸を配合した石鹸を3日に1度くらい直塗りして、1～2分置いて流すと、フルーツ酸のピーリング効果でつるつるに。プラス、1週間に1度全身スクラブをすれば、ボディのざらつきは十分に防げます。

加齢臭対策をする

おとな世代にとって、ボディの加齢臭対策は必須事項。私は、髪を毎日洗うほか、ボディにはニオイ用のソープを使い始めています。

さらに、**ニオイが気になりやすい夏の時期には、酵素風呂**にも入ります。女性の加齢臭の原因は、皮脂腺に詰まった皮脂の酸化を防いでくれる女性ホルモンが減少してくるためなのだそう。そこで、酵素風呂に入ってじっくり汗を出し、皮脂腺の詰まりを解消するというわけです。

私が好きなのは、米ぬかだけで発酵させた酵素風呂。独特のニオイはありますが、全身つるつるになって、体の奥まで温まります。

心のモヤモヤも洗い流す

お仕事を通して大勢のお客様の体にふれていると、いつの間にか「念」も吸収しているような感覚があります。この状態をリセットして、クリアになって次のお仕事に向かうために、私が使っているのは粗塩です。エネルギーの入り口といわれている、首の後ろ、みぞおち、足の裏を粗塩で洗い流すと、とても楽になるのです。

私のようなお仕事でなくとも、人間関係で心がモヤモヤしたときなど、粗塩で洗って一気にシャワーで流すのはとてもおすすめ。体と一緒に心もすっきり浄化されて、翌日を元気で迎えられると思います。ちなみに、**粗塩にはちみつとオリーブオイルを混ぜれば、手軽なボディスクラブがわり**にもなりますよ。

美脚のためのメソッド

お風呂に入ったときに行っている、足のむくみとゆがみに効くメソッドです。

自分では気づきにくいのですが、膝から下や、足首がねじれている方は少なくありません。このメソッドを行うと、ねじれが取れて、リンパもスムーズに流れ始めるので、**細くまっすぐな美脚に近づく**ことができます。

足首を回すときは、つま先が上を向いたままではなく、**横にもちゃんと倒れるようにする**のがポイント。**大きくしっかり回すと、ふくらはぎのほぐし効果もアップ**します。

美脚のためのメソッド

❶

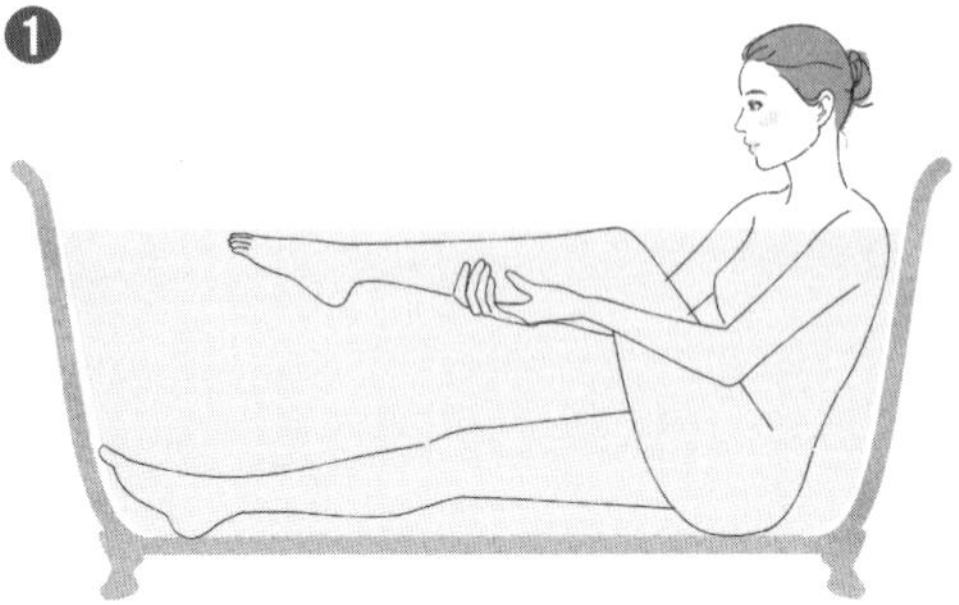

湯船で片方のふくらはぎを持ち上げ、両手で筋肉をしっかりつかむ。ひざの高さはそのままキープ

❷

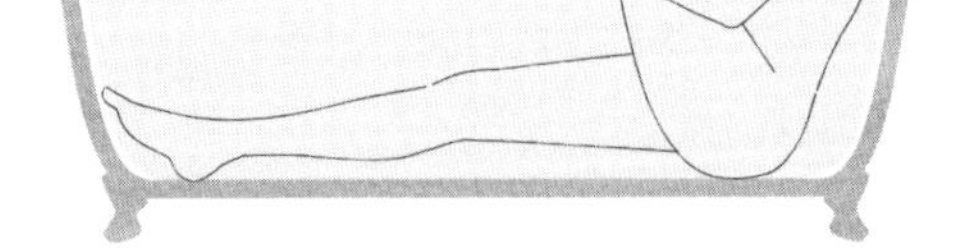

足首を大きく10回まわし、逆まわしも10回、つかむ位置をずらしながら●の4か所で繰り返す。もう片方の脚でも行う

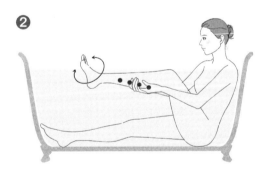

第6章

きれいに
なるための
眠り方

眠りの「美人習慣」が、あなたを変える

- ●ぐっすり眠って、スッキリお目覚め
- ●成長ホルモンをしっかり分泌
- ●むくみのない体
- ●メイクのりのいい肌
- ●ポジティブで明るい気分

毎日十分な睡眠がとれている方は、多くないようです。忙しくて睡眠時間そのものが足りなかったり、うまく寝つけなかったり、寝たはずなのに疲れがとれていなかったり。

ですが、おとなにとって睡眠不足はあらゆる老化につながってしまうもの。若々しくきれいであろうと思ったら、何よりもまず眠ることが最優先です。

そこでポイントになるのは、量だけでなく「質」。ただ眠気を待つのではなく、よく眠るための働きかけを自分の体にしてあげると、眠りの質が確実に変わります。目覚めたときの肌の調子、頭のスッキリ感が、まったく違ってくるのです。

睡眠は、若返りの栄養

「睡眠は、高級美容液にもまさる」などとよくいわれますが、本当にそのとおりだと思います。

私は以前、大きなお仕事が続けて入ったとき、緊張してよく眠れない日が1ヶ月ほど続いたことがありました。毎日4時間くらいで目が覚めてしまうのですが、それでも元気でしたし、サプリメントでしっかり栄養管理もしていたので、なんとも思っていませんでした。

ところが、病院で血液検査を受けてびっくり。あらゆるホルモンの数値が、基準よりガクンと下がっていたのです。活性酸素による酸化ストレス度も高く、いわゆる「ドロドロ血液」「サビだらけ」の状態。元気だと思っていたのは、緊張状態が続きすぎて、すっかり心身が麻痺してしまっていたせいでした。あわてて睡眠をしっかりとる努力をしたところ、ホルモンの数値は元に戻りましたが、睡眠の大切さが改めて身にしみる出来事でした。

「寝る子は育つ」といいますが、これをおとな世代に置き換えるなら、「よく寝る大人は若返る」。睡眠は、若返りと美をサポートする栄養のようなものです。肌のみずみずしさや、全身から発散するようなエネルギーは、十分な睡眠をとっていないと得られません。これは、女性の魅力において大きな差がつくポイントだと思います。

1日の終わりに、なんとなくゴロゴロしながらスマホを眺め、眠気が来たら適当に寝るというのではなく、**「きれいになるために眠る」という、明確な意図を持って眠る**ことをおすすめします。その意識の差は、積もり積もってかならず大きな結果になって返ってきます。

眠る目的は「成長ホルモン」の分泌

睡眠中の体内では、「成長ホルモン」が分泌されます。この成長ホルモンの働

きは主なものだけでも、

・体を疲労から回復させる
・傷ついた細胞を修復する
・筋肉や骨を発達させる
・肌細胞の新陳代謝＝ターンオーバーを促す

など。まさに、全身の若々しさに関係しているホルモンです。

この成長ホルモンが最も多く分泌されるのは、入眠してからの約3時間。最も深く眠っているときだといわれています。**何時に寝るかという時間帯よりも、寝入りばなの3時間をいかにぐっすり深く眠れるか**が、若返りと美のカギなのです。

ですが、この最初の3時間にうまく眠れている方は多くありません。寝つきの悪さや、途中で目が覚めてしまうなどのお悩みには更年期が関係している場合もあるのですが、生活習慣が原因になっている場合も多々あります。

たとえば、ベッドの中でスマホを見るくせ。スマホから出ているブルーライトは、太陽光にも含まれているもので、波長が短くエネルギーの強い光です。スマホの強い光源を見つめ続け、その直後に眠ろうとしても、昼間のように**脳が興奮して交感神経優位**になり、ぐっすり眠りにくくなってしまうといわれています。

ほかにも、

・脳の集中状態とリラックス状態を切り替えるのに必要な、ビタミンB群不足
・不規則な生活リズム
・ベッドで寝る前に、ソファでうたた寝をするのがくせになっている

などが挙げられます。

もし思い当たることがあったら、なるべく早くストップしましょう。睡眠の質が悪くなるということは、成長ホルモンが十分に分泌されないということ。すると、体に疲れが残る、免疫力が下がる、女性ホルモンのバランスが崩れるなど、すべての老化の原因になってしまいます。

「入眠」と「寝姿勢」が眠りの質のカギ

睡眠で美を育てるために意識したいポイントは、とにかく「スムーズに眠りにつく」ことです。

成長ホルモンをしっかり出すために、質のよい睡眠を確保することに集中しましょう。まずは、昼間の活発な脳のスイッチをオフにすること。そして、**脳も体もリラックスできる、副交感神経が優位になれる睡眠環境**を整え、**自分の体に対してよく眠るための働きかけ**をしてあげてほしいのです。スマホを見ながら夜更かしをしないとか、1分でも早く就寝するといったことなら、ちょっとした努力でできます。

そして、眠りの質を上げる効果が特に大きいのは**「ゆがみをつくらない姿勢」で眠る**ことです。「横を向いていないと眠れない」という方は多いのですが、これも体のゆがみをつくってしまうくせのひとつ。ずっと横を向いていることによって、顔が押されてゆがんだり、肩や足がねじれたりしてしまうのです。「6時間は寝ているのに疲れがとれない」とか、「起きるとなぜか疲れている」というのも、この寝姿によって、体が凝ってしまうことが原因です。

理想は、仰向けになって眠ること。「仰向けは寝苦しい」というイメージがあるかもしれませんが、落ち着くポジションをつくるには、いくつかコツがあります。具体的な方法は126ページからご紹介しますので、ぜひ一度試してみてください。

本当にリラックスできるポジションに体がおさまると、マットレスに溶け込むように全身の力が抜けて、かつ深い呼吸が自然にできます。**ゆがみを防げるうえに、酸素が全身に行きわたり、朝までぐっすり眠れるこの心地よさ**を体感すれば、長年の寝姿のくせもラクラク改善できるでしょう。

また、ゆがみをつくらないという意味では、睡眠中の「食いしばり」も防ぎたいところです。食いしばりは、頭蓋骨をゆがませて頭皮や顔のたるみを生み、老け見えの原因になることは、すでにお話ししてきたとおり。

加えて、**起きている間に体のゆがみを予防・リセット**することも、よい眠りのためにはとても大切な習慣です。横向きの寝姿のように、どうしても同じ格好にならないと眠れないというのは、昼間の生活でくせづいたゆがみのせい。体がゆがんでいるために、眠るときに力を抜ける格好も自然と定まってしまうのです。

体のゆがみは、眠っている間には意識できないことだからこそ、起きている間になるべくケアをしておくと、睡眠による美人効果はさらにアップします。

睡眠で美人になるための習慣

入眠準備でリラックス

私は毎晩ベッドに入る前、ぐっすり眠るための準備をしています。まず、寝る

1時間半前くらいにお風呂に入り、寝るまでのひとときはヒーリングミュージックでリラックス。川のせせらぎ、波の音、クリスタルボウルなど、その日の気分に合ったものを自由に選びます。

さらに、アロマキャンドルを焚いて香りも漂わせると、よりリラックス効果はアップ。緊張するお仕事を控えているときなどは、スイートオレンジやラベンダーのアロマオイルをパジャマの襟に数滴落とし、ダイレクトに鼻に通るようにしたりもします。鼻の奥には、嗅毛《きゅうもう》という香りをキャッチする毛があり、自律神経に影響を与える脳の大脳辺縁系《だいのうへんえんけい》に直接届くので、**香りをかぐと癒やされるのは気のせいではない**のです。

その日の反省会をしない

副交感神経優位のためにも、寝る前にその日の出来事をクヨクヨ思い出さないことは大切です。いくら考えても、終わったことはやり直しができるわけではありません。それより、好きなアイドルのことや、楽しい予定について考えながら眠ったほうが、ずっとよく眠れます。**本当に考えなければいけないことは、よく**

眠ってスッキリした頭で改めて考えましょう。そのほうが、ポジティブでいい結果が生まれます。

締めつけの少ない服装を選ぶ

私は眠るとき、パジャマの下には下着をつけません。なぜかというと、なるべく体の締めつけを避けるためです。

睡眠中は体が動かないので、リンパが流れにくい状態になっています。そこに、下着のゴムなどで**締めつけがかかると、よけいにリンパの流れを妨げる**ことになってしまうからです。また、締めつけによって体のどこかを引っ張られるだけでも、**全身を包んでいる筋膜が緊張して、疲れにつながってしまう**こともあります。

ただし、胸が大きい方の場合は、夜用ブラをつけていたほうが崩れを防げますし、心地よく眠れることもあると思いますので、無理をせずお好みに合わせてください。

胃腸を温めながら眠る

パジャマのズボンのおなかには、レンジで温める小さな湯たんぽを挟みます。**胃と腸を温めると全身の力が抜けやすくなり、内臓の疲れが取れやすくなる**のです。朝起きたときのスッキリ感が違うので、夏も含めて一年中行っています。

食いしばりの負荷を減らす

食いしばりが強まりやすいのは、実は昼間よりも寝ている間。**睡眠中は力の加減がきかないので、歯が割れて砕け散るくらいの力で食いしばってしまう**ことさえあり得るのです。そこでおすすめしたいのは、就寝中にマウスピースをつけて、食いしばりによる負荷を減らすこと。市販のマウスピースもありますが、私は歯医者さんで自分の歯型に合わせたマウスピースを作ってもらっています。**顔のゆがみだけでなく、歯のすり減りを防ぐこともできる**ので、歯を大切にしたいおとな世代には特におすすめです。

全身が楽になる姿勢で寝る

枕が合わなかったり、呼吸がしにくい姿勢で寝ていたりすると、せっかく寝ても疲れてしまって、睡眠の効果を十分得られません。**睡眠の質を上げるためには、ふわっと全身の力が抜けるような姿勢を探す**ことが大切です。

私が行っているのは、**頭、首、膝、足首の下に枕を入れる**こと（次ページ参照）。まず、**頭の下にはタオルを畳み、首の下にはタオルを丸めて入れます**。このとき、**鼻の頭からおでこにかけてのラインが水平に**なるように、タオルを重ねたり畳んだりして調節します。水平ならあごの力が抜けやすく、両肩が自然とベッドにつき、深い呼吸がラクにできるようになるのです。

頭の下のタオルが高すぎると首に力が入ってしまいますし、首のすき間がちゃんと埋まっていないと、筋肉で頑張って支えようとしてしまうので緊張が取れません。はじめは、手鏡で水平のラインを確認しながら、ふっと楽になるような位置を探してみましょう。

次に、**膝の下にクッション**などを置き、反っている腰がペタンとベッドにつくくらいの高さを目安に膝を上げます。これも、ふっと脱力して呼吸がしやすくなるようなポジションが必ずあるので、自分の体に向き合うつもりでいろいろ試してみましょう。

最後に、**足首の下のカーブに沿わせて、すき間をタオルで埋めましょう**。膝のクッションより高くすると膝が伸び切ってしまうので、やや低めにするのがポイントです。

こうすると、スッと眠りに落ちて朝までぐっすり。さらに

・顔や頭蓋骨が押されてゆがむのを予防できる
・鼠径部がゆるんでリンパと血液がスムーズに流れる
・寝ている間に足首が左右に倒れてゆがむのを防ぐ
・つま先がまっすぐになり、股関節のゆがみも予防できる

これだけのメリットを得られます。

力が抜ける感覚を一度つかめば、タオルの位置は簡単に調

全身が楽になる寝姿勢

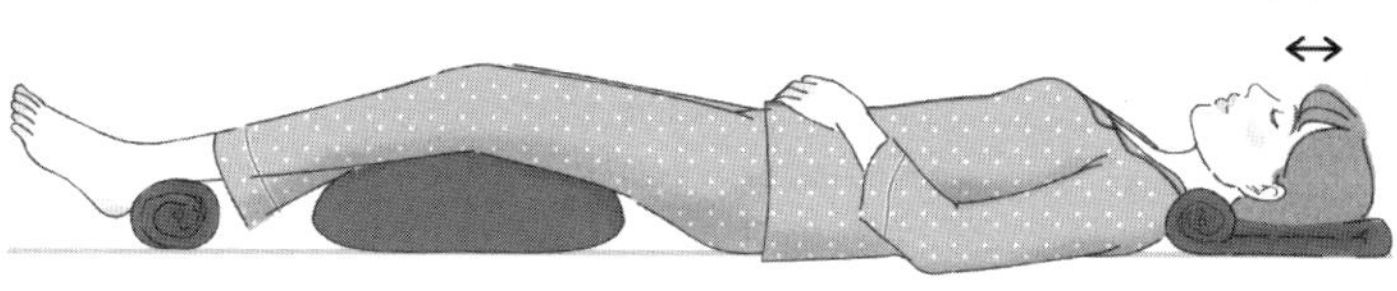

節できるようになります。**旅行などに行ったときも、ホテルのタオルを使えば同じようにできる**ので、枕が合わずに寝不足になってしまうこともありません。

続けるほど体が楽になっていきますので、ぜひ実践してみてください。

冬は首にタオルを巻く

冬場の寒い時期には、首に薄手のタオルをくるっと巻いて、先をパジャマの襟首にしまって寝ています。**寒くて首をすくめていると、睡眠中の食いしばりが強く**なってしまいますが、首を温めるとそれを防ぐことができるのです。また、首をすくめずにいればリンパの流れを邪魔しないので、**顔のむくみにも効果的**。もちろん、冷えを防げるので風邪の予防にもつながります。朝晩の冷え込みを感じたら、ぜひ一度お試しください。

寝起きにメラトニンを分泌させる

「睡眠のリズムを整えるために、朝起きたらカーテンを開けて太陽の光を浴びるとよい」というお話は、多くの方がすでにご存じだと思います。これは、太陽の光で体内時計を切り替えることによって、睡眠ホルモンであるメラトニンが効果的に分泌されるようになるというもの。

ですが最近、メラトニンは睡眠に関係があるだけでなく、**高い抗酸化作用を持つアンチエイジングホルモンでもある**こともわかってきました。ある実験では、活性酸素につけた花にメラトニンを与えたものと、そうでないものを比べると、花のもちがまったく違うほど効果があったのだそう。目覚めに太陽の光を浴びるだけでそのメラトニンの分泌を促せるのなら、浴びたほうがお得といえます。

鎖骨まわりをほぐすメソッド

私は眠る前にベッドに横になったまま、このメソッドで1日分のゆがみをリセットしています。普段、猫背で前かがみの姿勢になっている方は、巻き肩になりやすく、首・肩・鎖骨まわりがこわばってしまいがち。このメソッドで体をほぐせば、前かがみがゆるんでスッと楽に。**老け見え姿勢を防げるほか、眠る前に行うと安眠効果も**得られます。

勢いをつけずに、ゆらゆらと気持ちのいいペースで行ってください。

鎖骨まわりをほぐすメソッド

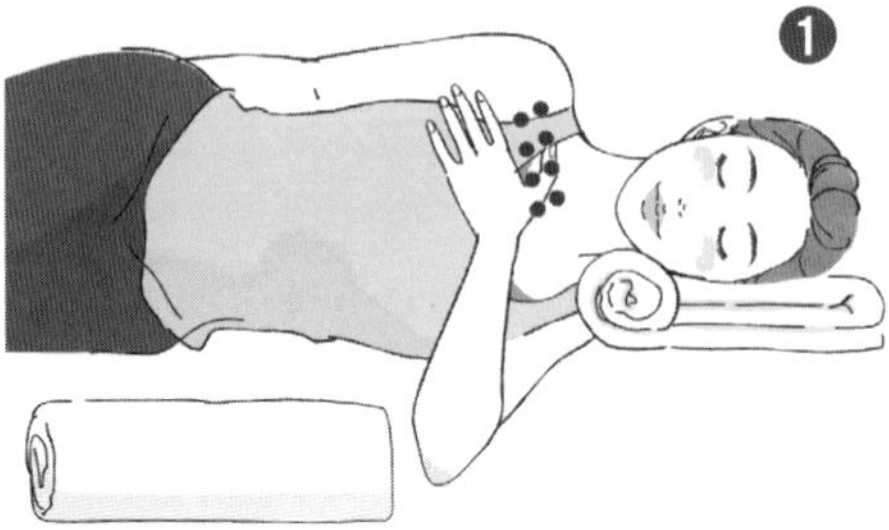

横向きに寝て、頭がまっすぐになるようタオルを敷く。体の前にも筒状に固く丸めたタオルを置く
※鎖骨のくぼみ側と下側の●の位置を、親指で順に押さえながら②を行う

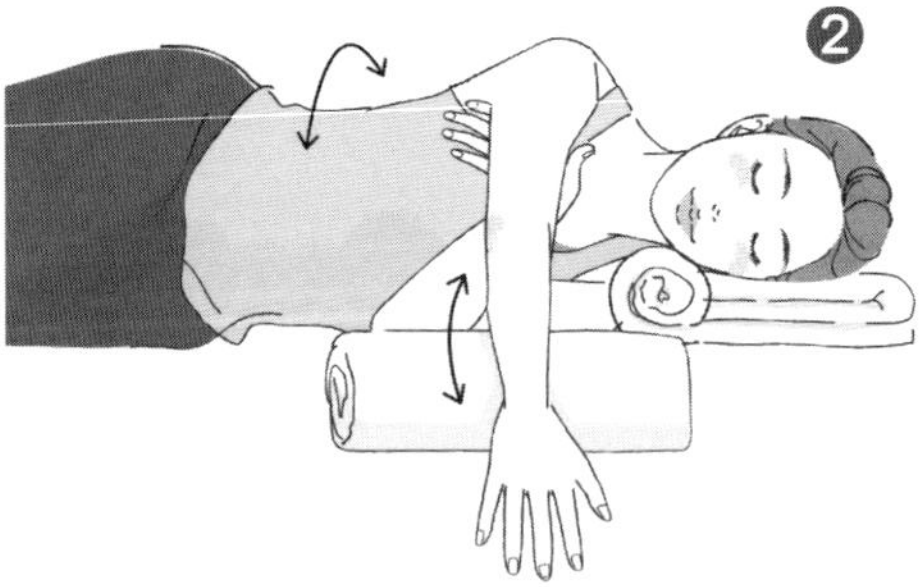

ひじを伸ばしたまま腕を筒状タオルの上にのせ、体を前後にゆらゆら動かす。その力を使って親指で圧をかけ、鎖骨まわりの8か所をほぐす。体の向きを変えて反対側も同様に行う

第7章

体の内側から食事で美人を育てる

食事の「美人習慣」が、あなたを変える

- うるおってツヤのある肌・髪・爪
- 質のいい筋肉
- じょうぶな骨
- ストレスに強く、安定したメンタル
- 左右対称でゆがみのない顔

「体は食べたものでできている」というのは、広く知られているとおり。

この先の人生を、いかに元気に若々しく過ごしていけるかは、食生活にかかっているといっても過言ではありません。

おとなの女性は、今まで以上に食事の内容と食べ方を大切にする必要があります。


体のもとになる食べ物を、積極的にとる。

よく噛み、よい食べ方を習慣づける。

老化につながる食べ物や食べ方を避ける。


若々しさも美しさも、体という土台あってこそ。

自分を育てるつもりで、毎食にしっかり意識を向けましょう。

食事がこの先の体をつくっていく

中学生の頃から容姿にコンプレックスがあった私は、「とにかく痩せればきれいになれるかもしれない」と思い込み、無理なダイエットを繰り返していた時期がありました。栄養バランスを考えずにカロリーだけを抑えたり、「○○だけ食べるダイエット」を試したり。はては、ストレスを感じるたびに過食に走っては吐くという、危険なことまでするようになってしまっていました。

そんな私が変わったきっかけは、20代半ばで妊娠したことです。それまでの私は、毎日がダイエットだったので、食事をすることに罪悪感さえ持っていました。ところが、妊娠中の体のためにきちんと食事をとり始めたところ、体調がよくなり、むくみもなくなり、逆に太らなくなったのです。このとき以来、私の食事に対する意識は変わりました。

その後、大手エステや美容クリニックで働きながら、栄養とアンチエイジングに関する知識を学んでいった私は、**体の細胞ひとつひとつが食べたものでつくられている**ことを知りました。食べたものによって、その人の5年後、10年後が変わってくることがよくわかったのです。

特におとな世代にとって、食事で丈夫な体をつくっていく心がけは、本当に大切なことです。体内に発生する活性酸素が、細胞を傷つけて老化の原因をつくることは広く知られていますが、**20代くらいまでは、この活性酸素を抑えてくれるSOD（スーパー・オキシド・ディスムターゼ）という酵素が豊富**にあります。

ところが、30代も半ばを過ぎると、SOD酵素の生成量は減ってきてしまうため、細胞の酸化が進みやすくなり、結果としていろいろな病気も出やすくなってきます。そうしたときに備えるためにも、普段の食事が大切なのです。バランスのとれた食事でできている体と、お菓子や偏った食事でできている体とでは、免疫力も、血管のしなやかさも、骨密度も違ってくるからです。

また、美容医療の現場に立っていても感じるのですが、普段から食事を意識しているお客様と、そうでないお客様とでは、効果の出方に差があります。食事を意識していないお客様の場合、せっかく**高額なレーザーを当てても、それを受け止められるだけの土台ができていない**のです。

無理がきく若い頃は食事の大切さを実感しにくくとも、歳を重ねるにつれ、食事による変化や効果はよくわかるようになってきます。特に**女性の場合、差が出やすいのは肌や髪、爪**です。ハリとツヤのある肌と髪、割れたり欠けたりすることのないみずみずしい爪をイメージしながら、大切に食事をとりましょう。

おとなの女性が意識してとりたい栄養素

食事は、栄養バランスがとれていることがまず大切ですが、なかでも意識してとっていただきたいと思うのは、**「タンパク質」**と**「ビタミン」**です。

まずタンパク質は、肌、髪、爪、筋肉、骨など、体をつくるもとになってくれるもの。とても大切な栄養素ですが、今の女性はこれが意外ととれていません。お仕事をしている方は、ランチなどに外食を利用することが多いと思いますが、気軽に入れるパスタ屋さんやうどん屋さんのランチメニューは、**ほぼ炭水化物と野菜だけ**。コンビニでも、手頃で簡単に食べられるおにぎりやサンドイッチ、それにサラダくらいで済ませてしまいがちではないでしょうか。

ですから、タンパク質は意識してとろうとしないと、とらずにそのまま1日が終わってしまうことも珍しくありません。**お肉、お魚、卵、豆類を、それぞれ手のひら1枚分ずつとる**ことを、毎日心がけましょう。コンビニでお昼を買うなら、おでんの卵やゆで卵を1個つけるだけでも変わってきます。

どうしても難しいという場合は、飲むだけでいいプロテインでタンパク質を補給するのも一案です。ただし、あまり運動をしない方やダイエット中の方は、動物性プロテインより植物性プロテインのほうが、ゆっくり体内に吸収されるためおすすめ。私の場合は、大豆ベースでできた植物性のプロテインで、かつ糖分が入っていないものを選んでいます。

一方ビタミンは、さまざまな体の働きを助けてくれるもの。どのビタミンもまんべんなくとりたいものですが、**忙しいおとなの女性には、特にビタミンC**が欠かせません。

ビタミンCは、紫外線によるメラニンの生成を防いでくれたり、肌のハリをつくるコラーゲンの材料になったりするもの。体の酸化や炎症を防ぎ、ストレスを軽減させてくれる作用もありますが、多忙などで強くストレスがかかると、すぐに消費されてしまいます。厚生労働省による「日本人の食事摂取基準（2015年版）」では、成人1人あたりの摂取量は1日につき100ミリグラム。これは、妊娠中や授乳中の方を除き、年齢や性別問わず平均として推奨されている量で、上限は設定されていません。ですので、ストレスを感じるときには、意識して多めにとるのがよいと思います。

食事だけでたくさんとるのは難しいので、私の場合はサプリで1日に4000ミリグラムほどを、何度かに分けながら飲んでいます。**水溶性のビタミンCは体**

の中にためておけないので、一度にたくさんではなく、**こまめに補充**しているのです。ただし、一度に大量のビタミンCを摂取して、下痢などの症状が出たという報告もありますので注意しましょう。

食べ方ひとつでも若々しさが保てる

食事で若々しさを保つには、食べるものだけでなく「食べ方」も大切です。

まずは、よく噛んでいただくこと。よく噛むと唾液がたくさん出てきますが、こうした食事のときや、リラックスした副交感神経優位のときに出る、水分を多く含むサラサラとした唾液は、良い唾液。食べ物を飲み込みやすくして消化を促し、さらに口腔内を洗浄して清潔に保ち、口臭の予防にも役立つのです。

一方、忙しくてストレスがたまり交感神経が優位のときには、口の中が乾いてネバネバの唾液が出てきます。ネバネバの唾液にも、口内に増えた細菌を絡め取って体内への侵入を防ぐという大事な役割がありますが、細菌が増えるため口臭が発生しやすく、口内環境は悪化しがちです。
いつでもサラサラの唾液を出して口の中を潤し、良好な口内環境をつくるよう意識しましょう。特に、おとな世代にとっては、自分の歯を守っていくことも大切な課題なので、食事のときによく噛んで、サラサラの唾液を出すことはとてもおすすめです。

また、唾液がたくさん出ることは、口内環境だけでなく、全身を若々しく保つためにも望ましいことです。

唾液には「パロチン」という、成長ホルモンの一種が含まれています。パロチンには、骨や歯の再石灰化や軟骨の増殖を促したり、新陳代謝を活発にしたりする働きがあり、更年期障害や白内障の治療薬としても使われてきました。「老化防止ホルモン」ともいわれるこのパロチンをよく分泌させるためにも、食事はしっかり噛んでいただきましょう。

そして、食べ方についてもうひとつ気をつけたいことは、**噛みぐせ**です。ものを噛むとき、無意識に自分の得意なほうばかりで噛んでしまいがちですが、これは顔のゆがみをつくる原因のひとつ。噛みぐせがあると、**あごがゆがみ、一緒に鼻も曲がって**きます。すると、見た目に気になるばかりでなく、**息が通りにくくなって呼吸が浅くなり、イライラや集中力低下の原因**にもなってしまうのです。

左右でバランスよく噛むことを意識すると、ゆがみの予防にもなりますし、よく噛むことでサラサラの唾液やパロチンも分泌されやすくなります。もちろん、よく噛むことは消化にもいいので、便秘がちの方にもぜひ心がけていただきたい習慣です。

食事を大切にすることは、自分の体を育てることにほかなりません。どんなに忙しくとも、食べるものをきちんと選び、座ってよく噛んで食べる。その習慣を積み重ねていくことで、将来の体はかならず応えてくれます。

糖化・酸化・腸内環境の悪化を徹底ブロック！

食事で積極的にとりたいものがある一方、なるべく避けたいものもあります。それは、「糖化」「酸化」「腸内環境の悪化」につながるもの。これらはいずれも、**体の老化を早めてしまう原因**になるからです。

糖化とは、食事でとった余分な糖が体内のタンパク質と結合し、老化物質をつくり出してしまうこと。糖化が起こると、肌が黄ばんできたり、ハリを失ってたるんできたりします。甘いものを食べすぎるなど、血糖値の上がりやすい食生活は、この糖化を引き起こす原因のひとつ。また、揚げる・焼くなど、高温でこんがりと焼き目をつけるように調理された食材は糖化しやすいので、なるべく**蒸す・煮るなどの調理法でいただくのがおすすめ**です。

酸化とは、体内で発生する活性酸素によって、体の細胞が傷つけられてしまう

こと。古いお惣菜やスナック菓子など、油が酸化している食べ物は、活性酸素をより多く発生させて、体内の酸化を進ませてしまうといわれているので要注意。私も天ぷらなどをいただくときは、ちゃんと**フレッシュな油を使っているお店を選ぶか、自宅で揚げる**ようにしています。

そして、腸は体の中でもとても大切なところ。**腸がきちんと働けないと、栄養をしっかり吸収することができません**し、リンパがたくさん集まっているところなので、体もむくみやすくなってしまいます。また、腸が緊張していると腹筋も使いにくくなるので、姿勢が悪くなって体がゆがむことにもなるのです。

自分でできる、最も手軽なことは深呼吸してリラックスすること。腸は副交感神経優位のときによく動くようになっているので、ずっと忙しく緊張した状態でいると、おなかがこわばり働きが悪くなってしまうのです。そして、なるべくおなかを冷やさないこと。冷たいもののとりすぎには、十分注意しましょう。1日の終わりには、できるだけお風呂の湯船できちんと温まり、夜はリラックスしてよく眠れるようにすると腸の働きを促すことができます。

体の内側から美人をつくる食事の習慣

「7・7・7」ルールで噛む

一般的に、唾液をよく出して歯の健康を守るため「食事ひと口につき30回噛みましょう」といわれていますが、続けるのはなかなか難しいのではないでしょうか。私が行っているのは「7・7・7」回、噛む方法です。

まず**左右どちらか片方で7回噛み、次に反対側で7回噛みます。そして、噛みにくいと感じたほうでまた7回噛み**ましょう。

人は誰でも無意識に自分の得意なほうで噛んでしまいがちですが、「7・7・7」を実践すると両方を使えて噛みぐせを改善できますし、最低限これだけ噛めば、唾液やパロチンも出やすくなってきます。

また、噛むという一定のリズム運動には、幸せホルモンであるセロトニンを分泌する効果もあるそう。ぜひ、毎食ごとに意識して行ってみてください。

タンパク質とビタミンをとる：朝食の例

◎私の朝食メニュー

・**合わせ味噌のお味噌汁**…タンパク質をとる

赤味噌は活性酸素の除去、白味噌は整腸作用という働きがあるとされているので、それぞれを活かせる合わせ味噌を使っています。具材には、白味噌の**乳酸菌のエサになるオリゴ糖を含んだ玉ねぎ**を。

・**プレーンヨーグルト**…タンパク質、乳酸菌をとる

乳酸菌のエサになるオリゴ糖と、季節のフルーツをカットして入れます。栄養価の高い旬のものをいただくことも、大切にしたい食習慣です。

・**植物性プロテイン**…食事では足りないタンパク質を補う

糖分が入っていないものを選んでいるので、飲みやすくするためにきなこと黒ごまを入れています。

血糖値の上昇を抑えるためには、最初にお味噌汁や野菜からいただくようにするのがコツです。

タンパク質とビタミンをとる：昼食の例

◎私の昼食メニュー

・**お弁当の場合**…とにかく必要な栄養をとればＯＫ

お弁当といっても、私の場合はとても簡単。ラップに包んだ卵やお肉、ゆで野菜、パック入りのもずくなどを、ジッパー付き保存袋に入れて持って行くだけです。**きちんとしようとするあまり、それが負担になって食事がおろそかになっては本末転倒**なので、用意は最小限で済ませることにしています。

・**外食の場合**…タンパク質をとる

お弁当を持ってこられなかったときは、お弁当屋さんで具だくさんの豚汁、野菜、お肉やお魚か卵、そしてご飯を調達します。**添加物が含まれているものよりは、なるべく手作りのもの**がいただけるお店のほうがおすすめです。

タンパク質とビタミンをとる：夕食の例

サロンでのお仕事が終わった夜は、余裕があれば家で夕食をつくることもありますが、あまり食事の時間が遅くなると睡眠を妨げてしまうので、そういうときは外で済ませるようにしています。

入るお店は、野菜とお肉がいただける焼き鳥屋さん、しゃぶしゃぶ屋さんなど。**お肉をいただく場合は消化に時間がかかるので、小さく切ってよく噛んで**食べることを心がけています。

健康効果の高い飲み物・お酒を選ぶ

食後には、コーヒーを1杯。乳がんの治療でお世話になったドクターに、「コーヒーは動脈硬化に効果的」と伺ってから、積極的に飲むようになりました。

リフレッシュするときの飲み物には、リンゴ酢を口当たりがよくなるよう炭酸で割って飲んでいます。食事にお酢を加えると血糖値の上昇がゆるやかになることが知られていますが、ほかに疲労回復、代謝の促進、脂肪燃焼を助けてくれる働きなどもあって、とてもヘルシー。**リンゴ酢の場合は、豊富に含まれたカリウムによる利尿作用がむくみを改善したり、ペクチンがコレステロール値を下げたり**といった効果も期待できます。

食事に合わせるワインは、赤よりも血糖値の上昇を抑えられるといわれる、白を選びます。赤ワインは抗酸化作用が高いことで知られていますが、含まれている**タンニンが鉄分の吸収を妨げる**といわれていることも理由のひとつです。

オイルを賢く活用する

油脂のとりすぎはもちろんよくありませんが、良質なオイルを適度に摂取することは、健康にも美容にも効果的です。

私が選んでいるのは、**血糖値の上昇を抑えてくれるオリーブオイル**。サラダなどに、少量かけていただいています。ほかには、食事でとりにくい**オメガ3を含んでいる亜麻仁油**も。加熱するとニオイが出るので、サラダのほか、ヨーグルトに少し入れたりするのがおすすめです。

おやつの前にワンクッション

「甘いものが好きで、つい食べ過ぎてしまう」「ストレス発散のために、甘いものがやめられない」といった方は多くいらっしゃいます。ですが、**甘いものをいきなり食べると血糖値がグッと上がり、その後一気に下がって、かえって気分がイライラしたり、「もっと食べたい」という気持ちになりがち**。そこでまた食べてしまうと血糖値が上がり、グッと下がって食べたくなる……という状態が、エンドレスに続いてしまうのです。

私は普段、甘いおやつをとることはほとんどなく、いただくときは素焼きのナッツを選ぶようにしています。抗酸化作用のあるビタミンEをとれることと、固いのでよく噛んで食べられることがアンチエイジング的なメリットですが、どうしても甘いものを食べたいときにも活用しています。先にナッツ類や豆乳をとっておくのです。すると、**後から食べるものの血糖値の上昇が緩やか**になりますし、ナッツはよく噛むことで、豆乳は腹もちのよさで食欲がある程度満たされているので、甘いものの食べ過ぎも防げます。

「絶対に食べない」というのもストレスになってしまいますから、いただくときはせめて、このようにワンクッション入れることを心がけましょう。

運動後のアルコールはNG

私は週に1度ほど筋トレをしていますが、「運動した後はアルコールをとらない」というルールは、徹底して守っています。なぜかというと、**アルコールによって筋肉の修復や成長が妨げられてしまう**からです。

筋肉はタンパク質からつくられますが、そのもととなる**アミノ酸からタンパク質を合成しているのが肝臓**です。ところが、お酒を飲んでしまうと、**肝臓の働きはアルコールの分解と無毒化に割り当てられて**しまい、タンパク質の合成効率が落ちてしまうのです。

せっかくの筋トレの意味がなくなってしまうのはもちろんですが、それでなくとも、筋肉量は加齢にともなって減ってしまうもの。美しい体を保つために、大切に育てて守りたいものです。

インナーケアで加齢臭を防ぐ

脂肪分の高い食事は生活習慣病を招くだけでなく、加齢臭の原因にもなりやすいといわれています。ボディソープなど外側からのケアだけでなく、こうした内側からのケアもぜひ意識したいもの。

私もかつてはお肉が大好きでしたが、最近は**お肉のかわりに、魚や豆腐などでタンパク質をとる**ことを心がけるようになりました。ヘルシーで胃にもやさしいので、食事がもたれやすくなってきた方にもおすすめです。

ビタミンCを飲むタイミング

私は普段からさまざまなサプリメントを飲んでいますが、そのひとつがビタミンCです。水溶性で体内にためておけないので、1日に何度もこまめに補充していますが、飲むタイミングは食前より食後がおすすめ。満腹時のほうが体にゆっくり吸収され、体内にとどまる時間が長くなるからです。**食事のたびに飲むよう**

にすると、飲み忘れもなくなります。

また、外出時のUVケアとして飲む場合は、**外出30分前**に飲むようにしましょう。メラニンに対するビタミンCの働きは、あくまで「生成を抑える」ことなので、日に焼けてからあわてて飲むのではなく、事前に飲むことが大切なのです。

口元・あご・唾液のためのメソッド

食いしばりや噛みぐせで凝り固まった筋肉と、使われずに衰えている筋肉を、口の内側からほぐすメソッドです。

筋肉に弾力が戻り、**口元とあごのゆがみが整う**ほか、ほうれい線のリフトアップにも効果大。さらに、**口の中を刺激することで、唾液をたくさん分泌させる効果も**得られます。イラストを見て、指の形を確かめながら行いましょう。

口元・あご・唾液のためのメソッド

❶ 口の中から親指、外から人差し指と中指で頬をはさむ。軽く口を開け閉めして、筋肉が動く部分を指先ではさむようにとらえる

指の形。人差し指と中指は揃える

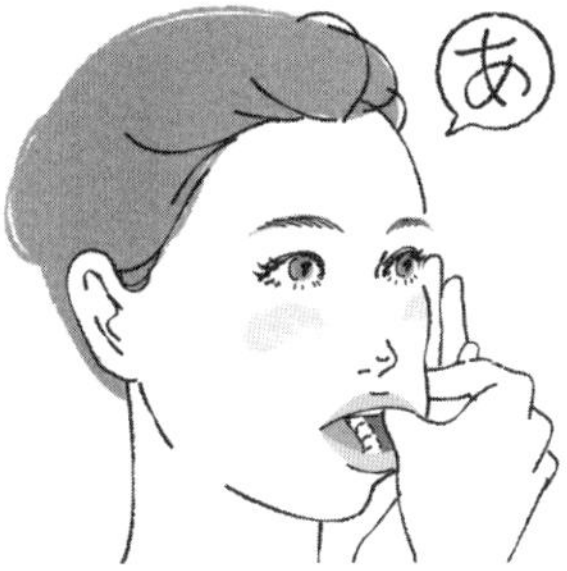

❷

反対側の手で頬の外から押さえる。筋肉を指先ではさんだまま、あごを「あぐあぐ」と言いながら(声は出さなくてもOK)動かす

❸

イタ気持ちよさを感じながら筋肉のコリをほぐす

第8章

体を整えれば
心も上向き
ポジティブに

心のための「美人習慣」が、あなたを変える

- 気分が落ち着いて安定している
- 怒りをコントロールできる
- ポジティブで意欲的
- 思考がクリアで冴えている
- 自分を受け入れられる

若々しさを保つために必要なものは、何よりも意欲。

ですが、その意欲が湧かなかったり、感情の波に振り回されたりというお悩みもおとなにはつきものでしょう。


そんなときは、体を見直してみることも効果的です。

心と体は、表裏一体。たとえば、姿勢のゆがみが呼吸や血流を妨げているために、脳の思考にまで影響を及ぼすことはよくあります。


心に意欲が戻ってくると、目の輝きが変わります。

こうした、内側からあふれる輝きこそが、本当の若々しさだと私は思います。

心の元気がおとなの女性の毎日を支える

家では家族の世話、職場では責任ある立場に立つなど、忙しい毎日を過ごしている今の女性たち。日々をしっかり乗り切っていくには、体はもちろん、心の元気も欠かせないでしょう。

どんなに大変でも、つねに笑顔を絶やさず、余裕を持ってふるまえたら、おとなとしても女性としても理想的ですね。ですが実際は、「落ち込みやすい」「イライラしてすぐ怒ってしまう」「うつっぽくなって毎日がつらい」など、メンタルの波に悩まされている方は少なくありません。

心は、体とつながっているもの。そのしくみを知っていれば、自分で心の元気を保ったり、取り戻したりすることが上手にできるようになります。気分の落ち込みが老け込みにつながってしまわないように、内面の輝きもしっかりキープしていきましょう。

体のゆがみがメンタルに与える影響

心が落ち込んでいるときは、うつむいて猫背になってしまいがち。ですが逆に、「猫背でいるから心が落ち込んでいる」ということもあり得ます。

その理由は、血流が滞るせい。猫背でいると、背骨の血流が妨げられ、**新鮮な酸素を運ぶ血液が脳まで巡っていきにくく**なります。すると、集中力が落ちたり、気分がぼんやりとうつっぽくなったりしてしまうのです。さらに、目元の血流も悪くなるために、**視界が狭くなってものが見えにくくなり、疲れやイライラが増してしまうこともあります**。

「私は猫背じゃないけど……」という方も、スマホは日常的によく見ているのではないでしょうか。実は、このスマホを覗き込む姿勢も、メンタルにはよくない姿勢。まず、下を向くこと自体が気分の落ち込みを招き、思考がネガティブになる原因につながります。

また、揺れる電車の中でスマホを見ていると、揺れに合わせて画面を目で追うことになるので、「毛様体《もうようたい》」という目の筋肉を酷使して疲れをため込んでしまいがち。ちなみに、**長時間下向きでいれば顔もたるんでしまう**ので、美容の面でもいい姿勢とはいえません。

猫背やスマホ以外にも、普段の姿勢によってどこかがゆがんでいれば、やはりメンタルへの影響は表れてきます。体がゆがむと、最終的には首とあごでバランスをとって体を支えることになるために、首まわりにとても負担がかかるのです。すると、脳まで**血液が行きわたりにくくなって、なんとなく思考がネガティブに**なってしまうわけです。

試しに、簡単で結構ですので、頭皮をほぐすマッサージをしてみてください。マッサージをした後は、視界がパッと明るくクリアになって、気分がリフレッシュするのを感じていただけると思います。頭部の血流というものは、それほど大きな影響力があるのです。

私自身、頭皮をほぐすことを習慣づけるようになってから、ものごとの捉え方がおおらかになり、仕事のアイデアなども浮かびやすくなったのを実感していま す。何より、「落ち込んでいるのは頭に血が巡っていないからかも?」ということを覚えていれば、落ち込んでもあわてず対処をすることができるでしょう。

プラス、目線は普段から少し上へ向けること。先ほどもお話ししたように、下を向いていると気持ちも下がってしまうものです。「ちょっとモヤモヤしているな」と思ったときこそ、意識して姿勢を正し、目線を少し上へ向け直すことをおすすめします。

食習慣とメンタルの深い関係

姿勢のほかには、食習慣も心に大きな影響を及ぼすものです。

たとえば、無理なダイエットを繰り返していた頃の私は、「夕食を食べずにがまんした分、朝食はごほうびにケーキだけを食べる」というようなことをよくやっていました。ですが、もしこれと同じようなことをしていたら、ただちにストップしてください。これは、ダイエット的にもメンタル的にも、非常によくない食べ方なのです。

空腹状態でいきなり甘いものを食べると、血糖値は急上昇。このとき、エネルギーとして消費しきれなかった分の糖は、脂肪に変わってしまいます。さらに、急激に上昇した血糖値を下げるためにインスリンが過剰に分泌されると、今度は血糖値が急降下して低血糖に。すると、**気分が悪くなってイライラしたり、不安になったり、低血糖を繰り返すうち集中力が散漫になってぼんやりしたり**という、メンタルへの悪影響が出てくるのです。

のちに、栄養についていろいろなことを学び、自分のコンディションが整えにくかった理由を理解した私は、「ごほうびケーキ」のかわりに血糖値の上昇がゆるやかな食生活を心がけるようになりました。今では、気持ちのアップダウンがおだやかになってとても楽ですし、すぐにおなかが空いてお昼が待ちきれないということもありません。前章の習慣でもご紹介したように、疲れて甘いものが食べたいときも、先にナッツを食べたり豆乳を飲んだりしています。すると、**血糖値の急上昇も、「もっと食べたい」という気持ちも抑えられて、心も体も落ち着**

いていられますので、ぜひ試してみてください。

栄養バランスについていうと、**ビタミンCと鉄分の不足には要注意**。ビタミンCが不足すると、ストレスを軽減するホルモンが分泌されにくくなってしまいますし、鉄分不足も、イライラや疲れを感じやすくなる原因です。鉄分には、体に吸収されやすい「ヘム鉄」と、吸収率の低い「非ヘム鉄」という2種類があり、私の場合は吸収率のいいヘム鉄を含む赤身のお肉を、普段から意識して食べるようにしています。特に、生理のある女性にとって鉄分は失われやすいものなので、ぜひ意識してとっていただきたいと思います。

体へのケアでメンタルにもアプローチできる

私のサロンに来られるお客様には、「施術を受けるとすごく前向きになれる」と、よくおっしゃっていただけます。それは、姿勢のゆがみが取れることによって、深く呼吸して酸素を取り込むことができるようになったり、頭までしっかり血液が巡るようになったりするためです。脳に新鮮な酸素が行きわたると、思考がクリアになってポジティブになります。すると、表情が自信に満ちて明るくなり、自然な笑顔が出てくるのです。

つまり、**体を正しいコンディションに戻してあげれば、心も一緒に元気になる**ということ。

私自身、ひどいニキビや、むくんだ大きな顔に悩んでいた頃は、いつも下を向いていたので体も心もゆがんでいました。その後、エステティシャンとして働き始め、肌や体について学び、正しいケアをしていくなかで、心の調子もだんだんと上向きになっていきました。

そうしてさらに研究に励んだ結果、それまで生きてきて一度も言われたことのなかった「肌がきれいね」という言葉をかけていただけたのです。そのときは、本当に重石《おもし》が取れたような気分を味わったのと同時に、自分の体にきちんと向き合ってよかったと心から思ったのを覚えています。

ですから、普段から体に手をかけてあげることは、心のためにも大切です。必要な栄養をちゃんととるだけでも、嘘のように楽になることは十分あり得ます。

大切なことは、**自分の心と体の両方に敏感になる**こと。「どうして私はすぐ怒るの」「落ち込んでばかりで情けない」などと自分を責めたり、「このくらいは疲れのうちに入らない」などと自分を我慢させたりしていると、心も体もどんどん落ち込んでいってしまいます。

もしも変化に気づいたら、「体のどこかが疲れているのかもしれない」というサインだと思って、すぐケアしてあげましょう。そうすることで、調子のよくない自分も受け入れられるようになり、もっと自分を好きになれると思います。

心もすこやかな美人をつくる習慣

スマホを目の高さに上げて見る

下向きで長時間スマホを見るのは避けたいところですが、どうしても必要がある場合は、スマホを持ったほうの腕を上げ、**画面を目線の位置**に合わせましょう。

このとき、**ひじと体の間にもう片方の手で握りこぶしをつくって入れ、スマホを持っている腕を支えます**。こうすると目線が下がりませんし、背すじが伸びているので、はたから見ても美しい印象を与えられて一石二鳥。プラス、できれば口角を上げたまま見るようにすると、顔のたるみも防げます。

背骨の血流を促して、元気になる

猫背ぎみの姿勢でいると、背骨の血流が滞って脳に酸素が巡りにくく、ネガティブ思考になりがち。ですので、猫背の自覚がある方には、特におすすめの簡単なエクササイズの習慣です。

まず、うつぶせになったまま手と足を少し浮かせて、おなかで体を支えます。腰を反らさないように注意しながら、そのまま両手両足を泳ぐときのように10秒ほどバタバタ動かしましょう。目線は前をまっすぐ見るようにします。

すると、**背中、お尻、太もも、おなかの筋肉までが一気に刺激されて、姿勢よく立てる**ようになるのです。頭にも血液や酸素が届きやすくなるので、思考がクリアでポジティブに、気持ちも元気になります。

ハードなエクササイズではないので、運動が苦手な人にもおすすめです。

つらいときはコンディション調整に専念

やけ食い、やけ酒でストレスを発散する方は多いと思いますが、私はもともと胃腸が弱いので、そういうことができません。

そんな私のストレス発散法は、ひたすらコンディションを整えること。消化のいいものを食べ、アロマの香りをかぎ、気の流れがいいといわれる神社やホテルのラウンジなどに行ったりして、リセットとコンディションアップに努めます。

結局、**やけ食いしたところで根本の問題は解決しない**もの。それなら、リセットしながら自分のコンディションを上げていたほうが、問題に対処するエネルギーも湧いてくると思うのです。**つらいときほど体をしっかりいたわってあげる**ことが、心のためにも美容のためにも効果的といえます。

不安なときは「絶対大丈夫」と唱える

今のように独立する前、組織の代表として働いていた頃の私は、常に売り上げを気にして不安を抱えていました。そのとき私がやっていたことは、とにかく笑顔で**「絶対大丈夫、絶対大丈夫」と繰り返して言う**こと。今も困ったことが起きたときは、悪い方向へ想像力が働いてしまう前に、必ず「絶対大丈夫」と口に出して言います。すると、自然と思考が切り替わってくるのです。

日本には「言霊《ことだま》」という考え方もあるように、耳から入ってくる言葉には、とても大きな力があるのだと思います。おとな世代ともなると、乗り越えなければならない問題や、頼られる場面も増えてくるもの。そんなとき、「絶対大丈夫」と、鏡の中の自分に言ってあげてください。**「絶対大丈夫」になる方法を、頭はちゃんと考え出してくれます**。

リフレッシュできるメソッド

ちょっと気持ちが落ち込んでしまったとき、疲れやストレスを感じたとき、手軽にスイッチを切り替えられるメソッドです。私の場合は集中したいときに、いつでもどこでも行っています。

耳にはたくさんのツボが集まっているといわれており、頭の筋肉ともつながっています。両手で耳をよくほぐすと、**頭の緊張がほぐれ、視界がパッとクリアになります**。さらに**リンパの通りがスムーズになって、顔まわりのスッキリ効果**も。

ポイントは、目を閉じながら呼吸すること。こうすると、リフレッシュ効果がより高まります。

リフレッシュできるメソッド

❶

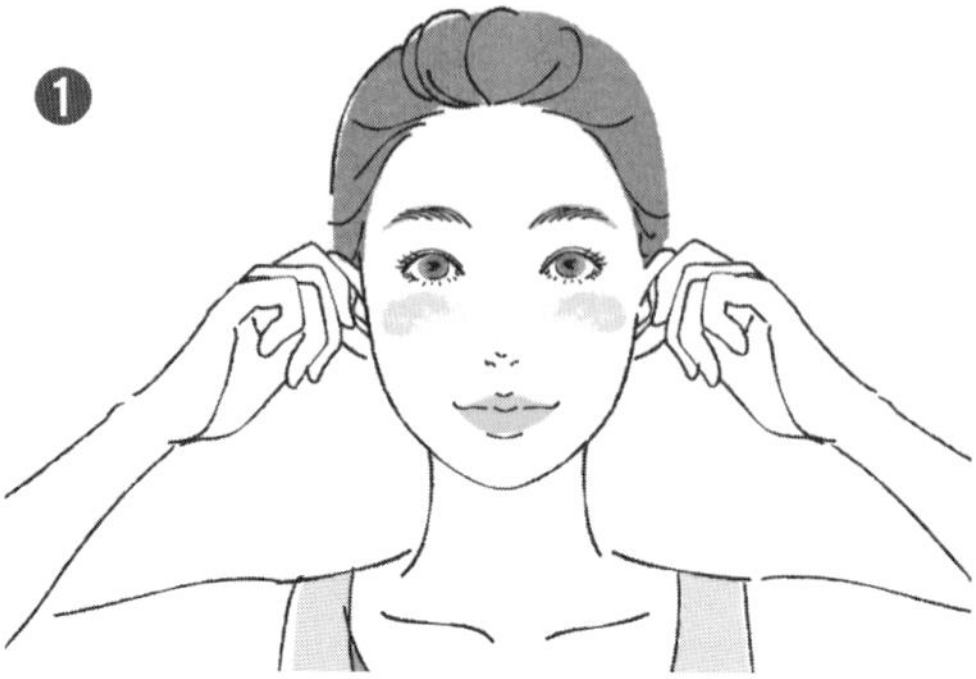

耳を親指と人差し指ではさみ、引っ張りながら全体をまんべんなく揉みほぐす

❷

耳を引っ張りながら、目を閉じて鼻から息を吸う。目と目の間、鼻の骨の奥に息を入れ、口から吐き出す

おわりに

私が実践している、日々のちょっとした習慣。今回、初めてこうしてご紹介させていただきましたが、もしかすると「毎日、こんなにたくさんのことをしているの？　本当に？」と、驚かれたかもしれません。

ですが、かつてはもっといろいろなことを試していた気がします。美容業界に入って以来、およそ30年にわたって試行錯誤を繰り返してきたなか、ようやく「習慣」として定着したものがこれなのです。もちろん、私も忙しいときはサボってしまうこともありますし、すべてを一日も欠かさず行っているわけではありませんが、それでも今も、日々無理なくちょこちょこと続けています。

続いている理由は、やはり心地がいいから。そして、顔や体が応えてくれる喜びを味わえるからです。だから、「しなければいけない」ではなく、「したい」「しよう」と思えますし、今ではすべてがお風呂や洗顔などのついでになっているので、私自身はあまり特別なことをしているつもりはなかったりします。

そうして、「心と体にいいことをさりげなく」続けてきた道の先に、元気に仕事ができている今日という日があることは、本当に喜ばしく幸せなことです。

私は今、50歳ですが、人生はまだまだこれからだと思っています。

女性の場合、50代までは心と体のバランスがゆらぎがちで、つらくてたまらないときも多いもの。ですが、それらがようやく落ち着いてくるのが60代なのです。このときこそ、人生の楽しみどき。実際、サロンのお客様には60代以上の方もたくさんいらっしゃいますが、皆さんとてもお元気で、魅力的で、バイタリティにあふれている方ばかり。そうしたお客様たちのいきいきした姿を見ていると、やる気と希望が湧いてきます。

ですから、私の目下の目標は、「今の状態をなるべく保ったまま、しかも今より元気な60歳になる」こと。

60歳以降の時間を有効に使うためには、元気と若々しさをしっかり保っておく必要があります。そうして、新しい仕事や、達成したい目標に、どんどんチャレンジしていけたらとワクワクしているのです。そのためにも、この本でご紹介した習慣を、私自身これからも続けていくつもりです。
まだ若いあなたもぜひ、自分の体に向き合うことを、今から習慣づけてください。体を正しく大切に扱えば、その若さを長く保っていくことができますよ。

今回、私の習慣を一冊にまとめる手助けをしてくださった、ＫＫベストセラーズの鈴木小絵さん、ライターの植田裕子さん、ケイダッシュステージの関係者様、メイクアップアーティストの岡田いずみさん、カメラマンの藤澤由加さん、そのほか関係者の皆様、そして、これまでのお仕事を通して出会い、私に多くのことを教えてくださった、大勢の大切なお客様へ。
この場を借りて、心よりお礼申し上げます。

どうかこの本が、あなたの心と体を輝かせるお手伝いになりますように。そして、昨日より笑顔になれる毎日が続いていくことを、心から願ってやみません。

２０１９年12月　村木宏衣

主要参考文献・資料

『医者が教える食事術 最強の教科書――20万人を診てわかった医学的に正しい食べ方68』牧田善二（ダイヤモンド社）

『美しくやせる食べ方ディフェンシブ～体を守る～栄養学』藤本幸弘（学研プラス）

『スーパーモデルの食卓』エリカ・アンギャル（宝島社）

『ビタミンCの大量摂取がカゼを防ぎ、がんに効く』生田哲（講談社＋α新書）

【たるみに関する意識調査】ほうれい線が見た目年齢を左右する（ロート製薬）
https://www.rohto.co.jp/news/release/2012/0904_01/

唾液腺ホルモン（パロチン）の構造安定性（九州大学農學部）
https://catalog.lib.kyushu-u.ac.jp/opac_download_md/22288/p083.pdf

「日本人の食事摂取基準（２０１５年版）」（厚生労働省）
https://www.mhlw.go.jp/stf/seisakunitsuite/bunya/kenkou_iryou/kenkou/eiyou/syokuji_kijyun.html

誰でもわかるプロテインの基礎知識（一般社団法人　日本プロテイン協会）
https://japan-protein-association.com/2019/02/02/howtoprotein/

ブックデザイン　原田恵都子（Harada + Harada）
イラスト　久保田ミホ
構成　植田裕子
ヘアメイク　岡田いずみ（KiKi inc.）
撮影　藤澤由加
マネージャー　阪口公一／松本佳寿美（ケイダッシュ）
エグゼクティブプロデューサー　松田英夫（ケイダッシュステージ）

おとなの美人習慣《びじんしゅうかん》

2019年12月30日　初版第1刷発行

著　者　村木宏衣《むらきひろい》

発行者　小川真輔

発行所　KKベストセラーズ
〒171-0021
東京都豊島区西池袋5-26-19　陸王西池袋ビル4階
電話 03-5926-5322（営業）
　　 03-5926-6262（編集）

印刷所　近代美術

製本所　積信堂

DTP　三協美術

定価はカバーに表示してあります。
乱丁・落丁本がございましたらお取り替えいたします。

ISBN 978-4-584-13945-5 C0077